KB040597

바디 버스
BODY VERSE

언어, 표정, 몸짓에서 신화, 영화, 만화 등 캐릭터까지
상상력이 필요한 현대인을 위한 몸 이야기

박응석 지음

박영사

들어가며

사람이 갑자기 변하는 때가 있습니다. 갑자기 반복되던 일상이 새롭게 보이고 낯선 세계가 펼쳐지죠. 제가 그랬습니다. 어느 날, 강의 중 의사소통에서 말투나 표정, 눈빛과 제스처 같은 비언어적 요소가 차지하는 비율이 무려 93%나 된다는 이야기인 '메라비언의 법칙'을 설명할 때였습니다. 예전에는 가볍게 다뤘던 내용이 그날 갑자기 언어'를' 열심히 연구하던 저를 언어'만' 다루는 불완전한 연구자로 느끼게 했습니다. 그렇게 시작된 불편한 느낌은 사라지지 않았고요. 신체 각 부위가 유기적으로 연결된 것처럼 의사소통도 언어, 표정, 몸짓 등 표현방식 전체를 통합적으로 볼 필요가 있다는 생각이 점점 강해졌습니다. 그래서 '제스처', '보디랭귀지'와 '비언어'가 들어간 제목의 책들을 보기 시작했고 최근에는 신화, 영화, 만화 등 문화콘텐츠의 캐릭터도 살펴보고 있습니다. 캐릭터까지 살피게 된 이유는 몸이 표현되는 방식에 대한 자료를 모으던 중 다음과 같은 질문이 생겼기 때문입니다.

"슈퍼맨과 사이클롭스가 눈이 아니라 코에서 빔을 쏜다면?"
"피노키오가 거짓말을 할 때 코가 아니라 귀가 커진다면?"
"화가 난 헐크와 튜브는 왜 빨간색이 아니라 녹색일까?"
"라푼젤이 단발머리였다면?"
"토르와 캡틴 아메리카가 망치와 방패를 바꾼다면?"

언어학, 보디랭귀지 및 문화콘텐츠 캐릭터까지. '몸'에 대한 다양한 분야의 기존 연구성과를 정리하면서 인지언어학자의 입장에서 몇 가지 규칙을 발견했습니다. 그리고 그중 재밌고 핵심이 되는 내용을 이 책 <바디 버스(BODY VERSE)>에 담았습니다. '바디 버스'라는 용어는 미래 성장동력 메타 버스(META VERSE)의 조어법을 따라 제가 만든 것입니다. '몸은 작은 우주'라는 소중하지만 진부한 메시지를 새롭고 재밌게 다시 보려고요.

상상은 일상적 의미들의 확장일 뿐입니다. 그리고 확장에는 일정한 패턴이 있습니다. 상상이 우리의 체험을 기초로 하기 때문입니다. 천천히 생각해보면 상반신은 사람이고 하반신은 물고기인 인어, 눈에서 빔을 쏘는 히어로, 입에서 물이나 불을 쏘는 괴물을 생각해보면 상상에도 일정한 패턴이 있다는 느낌을 받으실 겁니다. 하지만 느낌은 스케치입니다. 그런 흐릿한 느낌을 구체화해야 지식과 지혜가 되어 자유롭게 갖고 놀 수 있습니다. 제가 찾은 발견이 그 놀이의 도구가 되기를 바랍니다. 그리고 이 책의 내용이 한 번도 들어보지 못한 것이라 낯설게 느껴지기를 바랍니다. 그래서 여러분에게 마치 처음 가는 여행지처럼 설렘을 줄 수 있다면 정말 행복할 것 같습니다.

2022년 봄 매지호수에서,

석송 박응석.

감사의 말

글을 쓸 때마다 주변에서 많은 도움을 받고 있습니다. 감사의 말은 그분들을 향한 것이기도 하지만 이 책이 어떤 과정을 거쳐 탄생한 것인지 보여준다는 점에서 독자 여러분의 이해를 돕기 위한 것이기도 합니다.

항상 제자의 새로운 도전을 응원해주시는 연세대 중어중문학과 김현철 교수님과 10년 넘게 아이디어 팩토리 역할을 해주고 있는 인지언어학 세미나 <인지란 무엇인지>의 선생님들에게 감사합니다. 특히 원고를 가다듬고 교정을 도와준 최승혁 선생님, 송화영 교수님께 감사합니다. 이 책에 나온 대부분 이론은 논문 <몸콘텐츠의 인지기호학적 분석－의인화의 방식과 정도성에 대해>에서 왔습니다. 책에 담을 수 있도록 허락해주신 중국어문학연구회에 감사합니다. 그리고 한국외국어교육학회 KAFLE 정기학술대회에서 <인지기호학과 바디리터러시>라는 제목과 延世大学中文系－北京

师范大学文学院学术交流週(연세대중문과－북경사범대문학원 학술교류회)에서 <想象力与认知符号学(상상력과 인지기호학)>이란 제목으로 발표하면서 얻은 여러 선생님의 아이디어도 큰 도움이 되었습니다.

이런 아이디어를 책으로 구체화하는 과정에는 늘 제자들이 함께 했습니다. 연세대 글로벌엘리트학부 문화산업관리전공의 전공과목 <몸과 문화콘텐츠>에 참여한 한국, 중국과 일본에서 모인 아래 제자들. 특히 책의 내용에 어울리는 이미지를 찾고 아이디어를 보태고 외국어 자문까지 한 박지혜, 나재연, 정가람, 김붕미, 한지웅, 정윤빈 등 바디버스 기획팀. 정말 감사합니다.

강주연, 김붕미, 정가람, 한지웅, 김소희, 박미나, 박지혜, 양행지조, 정윤빈, 최화영, 고진원, 김미리, 김태린, 임상혁, 최화림, 葛彦汐, 贺知恒, 华柯, 冀丽禾, 马寅超, 邵潇涵, 陶宇宏, 向小碟, 解程翔, 杨沛洲, 张睿, 吴科呈, 王浩楠, 刘洋, 李林蔚, 鲁睿, 尚敬格, 谢浩, 邓红杰, 冯拉尔

매번 다양한 글을 쓸 수 있도록 도와주시는 손준호 과장님과 이미지도 많고 각주도 많은데 읽기 좋게 편집해주신 조보나 선생님 등 박영사 식구들, <은유하

는 마음>에 이어 이번에도 아름다운 표지그림을 주신 오승은 작가님, 본문에 웹툰 <악마주식회사>의 이미지를 제공해준 심규민 작가님. 모두 감사합니다! 끝으로 이 책이 나오기까지 학교에서 일하고 돌아오면 매일 새벽까지 글만 쓰던 저를 사랑으로 품어준 아내 박정아에게 제일 감사합니다.

목 차

1장

몸이 그린 무늬

1. 인지언어학

빈손으로 왔다가 빈손으로 간다는 '공수래공수거(空手來 空手去).' 인간의 일생을 '손'을 통해 표현한다는 것은 인간만 가진 손이 인간 고유의 특성을 잘 나타내기 때문입니다.[1] 하지만 우리는 강아지에게도 말합니다. "손~." 기다리는 손이 오지 않으면 여기서 다급한 손이 마중을 나가기도 하고요. <표준국어대사전>에 따른 손의 사전적 의미는 다음과 같습니다.

1) 이노미(2009:19)

> 사람의 팔목 끝에 달린 부분. 손등, 손바닥, 손목으로 나뉘며 그 끝에 다섯 개의 손가락이 있어, 무엇을 만지거나 잡거나 한다.

설명의 시작부터 '사람의~'라고 되어 있지만 우리는 일상에서 강아지에게 이 표현을 자연스럽게 사용합니다. 그나마 '기능'적으로 유사하고 우리에게 '의인화' 능력이 있으니 가능하죠. 이 부분을 조금 더 자세히 설명하겠습니다.

Pustejovsky(1995)는 어휘의 속성 구조(qualia structure)[2]를 형태(formal), 구성(constitutive)과 기능(telic)으로 나눕니다. 위에서 본 사전설명에 적용하면 대략 다음과 같습니다.

> 형태: 사람의 팔목 끝에 달린 부분
> 구성: 손등, 손바닥, 손목으로 나뉘며 그 끝에 다섯 개의 손가락이 있어
> 기능: 무엇을 만지거나 잡거나 한다.

---

2) 배도용(2002:55)

'손'에 대한 지식이 형태, 구성과 기능으로 나누어져 있다는 것을 아시겠죠?[3] 이제 강아지 앞발을 '손'이라고 하는 이유를 강아지가 우리에게 손(앞발)을 내미는 방식과 우리가 손을 사용하는 방식에 기능적 유사성이 있기 때문이라고 말할 수 있습니다. 물론 어느 정도 형태적 유사성도 존재합니다. 포인트는 '몸'과의 형태적·기능적 유사성을 토대로 의인화가 발생한다는 것입니다. 이렇게 인간 이외의 것을 인간을 통해 이해하는 방식을 우리는 '의인화(personification)'라 합니다.

인지언어학으로 '의인화'를 자세하게 살펴보도록 하겠습니다. Heine et al(1991)[4]은 범주적 은유(categorical metaphor)를 통해 의미의 확장 방향이 아래처럼 사람에서 사물, 사물에서 행위 등으로 이루어진다고 합니다.

사람 > 사물 > 행위 > 공간 > 시간 > 질

쉽게 말하면 우리는 보통 구체적인 것을 통해 추상적인 것을 이해한다는 것이죠. 위의 '사물'을 다시 '동물',

---

3) 저는 형태와 구성을 전체와 부분의 관계로 보고 있으므로 이 책에서 구성을 형태에 포함시키겠습니다. 그럼 간단하게 형태와 기능만 남아서 설명이 쉬워지거든요.

4) 임지룡(2016:7)

'식물', '물건' 등으로 하위분류해서 보면 이렇습니다.

'담백하고 푸짐한 소머리 국밥'(동물)

'가을비에 꽃이 머리 숙이네'(식물)

'승부는 책상머리에 있다'(물건)

동물 '소', 식물 '꽃'과 물건 '책상'에 모두 '머리'가 있습니다. 사람의 '머리'가 동물 > 식물 > 물건 등으로 확장해서 사용되는 것이죠. 아래 '사자머리'가 있습니다.

"니콜 키드먼,[5] 이거 완전 인간 사자... 머리숱 실화냐"[6] 헤드라인을 보면 기자는 니콜 키드먼의 풍성한 머리털을 '사자머리'에 비유하고 있습니다. 오른쪽 사진

5) 사진출처: 니콜 키드먼 인스타그램

6) 헤럴드POP(2021.2.16.)

속 사자와 비교하면 적절한 비유인 것 같아요. 주목할 부분은 사람의 머리를 설명하는 데 사자의 머리를 이용한 점입니다. 위에서 본 범주적 은유를 고려하면 다음 순서를 떠올릴 수 있습니다.

(1) 사람의 '머리'를 동물 사자에게 사용한다.

(2) 사자의 '머리'를 다시 사람의 머리에 사용한다.

의미의 확장이 한 방향으로만 일어나는 것은 아니네요. 일단 의미확장을 거친 콘텐츠(사자의 머리)는 다른 콘텐츠로 확장될 가능성이 생깁니다. 물론 그 방향은 자기에게 영향을 준 콘텐츠(사람의 머리)로 향할 수도 있고요. 그런데 우리는 언제 사람머리를 사자머리라고 할까요? 네, 맞습니다. 사람머리와 사자머리에 유사성이 있을 경우입니다. 여기서는 여배우의 머리가 사자의 풍성한 갈기와 형태적 유사성을 갖고 있네요. 풍성한 갈기(형태)는 체온을 쉽게 올려서 사냥에 불리하니 수사자를 그냥 그늘에서 잠을 자거나 새끼들을 지키게 하지만 싸움을 할 때는 목덜미를 보호하는 '기능'이 있다고 합니다. 기자가 니콜 키드먼의 머리를 사자머리라고 한 이유가 싸움에서 목덜미를 보호하는 '기능'을 상상하며 쓴 건 아니겠죠?

사실 여기서 '사자머리'는 엄밀하게 말하면 '사자머리털'입니다. '머리'의 사전적 의미는 아래와 같거든요.

> 사람이나 동물의 목 위의 부분. 눈, 코, 입 따위가 있는 얼굴을 포함하며 머리털이 있는 부분을 이른다. 뇌와 중추 신경 따위가 들어 있다.

사자머리(전체)를 통해 사자머리털(부분)을 지시하는 것처럼 개념 'A'를 지시하기 위해 인접한 개념 'B'를 이용하는 것을 '개념적 환유(conceptual metonymy)'라 합니다. '속성 구조(형태와 기능)'와 '범주적 은유'에 이어 꼭 기억하셨으면 하는 마지막 개념입니다. 이 세 가지 개념이 책 전체에서 몸 콘텐츠를 갖고 노는 데 사용할 도구이니 꼭 기억해주세요. 아래 '머리'가 환유적으로 사용된 예가 있습니다.[7)]

---

7) 임지룡(2016:10)

(1) 머리를 {빗다/깎다/감다/손질하다}

(2) 머리를 {헤아리다/맞추다/채우다}

(3) 머리가 {좋다/명석하다/나쁘다/우둔하다}

언어표현에는 '머리'가 나오지만 (1)은 '머리털'을 가리키고, (2)는 '사람'을 가리키며, (3)은 '지적 능력'을 가리킵니다. 개념적 환유는 이렇게 (1)처럼 '전체(머리)'로 '부분(머리털)'을 대신 가리키기도 하고, (2)처럼 '부분(머리)'으로 '전체(사람)'를 대신 지시할 수도 있고, (3)처럼 '사물(머리)'로 '기능(지적 능력)'을 대신 나타낼 수도 있습니다. 이는 짧게 말해서 노력을 최소화하려는 경제적 이유나 내가 강조하고 싶은 부분만 언어표현으로 드러내 강조하려는 의도가 있습니다.

2. 보디랭귀지

의사소통에서 '몸'은 매우 중요한 두 가지 의미가 있습니다. 첫째, 우리가 태어나면 바로 갖는 정보의 1차적 통로입니다. 물론 성장하면서 환경에 따라 종이, 컴퓨터, 휴대폰 등 의사소통에 사용하는 도구는 다양해집니다. 둘째, 인류 모두가 가지고 있어서 문화 보편소로 가능합니다. 외국 여행 중 그 나라 언어를 모르는데 급하게 식당이나 화장실에 가고 싶으면 어떻게 하면 될까요? 몸짓을 하면 됩니다. 몸은 인류 모두가 가진 지식의 보편적 토대라서 보디랭귀지의 의미가 어느 정도 유사성을 갖기 때문입니다. 하지만 몸이 보편성에 기반해 정보를 쉽게 제공할 수 있다고 해도 몸짓이 의사소통의 주류는 아닌 것 같습니다. 언어를 제외한 나머지 소통방식에 대해 연구하면서 많이 접한 용어는 '비언어커뮤니케이션'과 '보디랭귀지'였습니다. '비(非/아닐 비)+언어'라는 용어는 '언어'에 기대어 자신을 나타내고, '신체언어'로 번역되는 '보디랭귀지'도 일종의 '신체(바디)'라는 수식어가 달린 '언어(랭귀지)'니까요.

신체언어는 왜 의사소통의 형태로 주목받지 못한 것일까요? 그럴듯한 설명 두 가지를 소개하겠습니다.[8] 첫째, 기록의 문제입니다. 18세기 유럽 사회에 값싼 인쇄물이 보급되면서 문자 형태의 언어는 표현의 표준이 되었지만, 음성이나 영상은 기록이 수월해지기 전까지 주목받지 못했습니다. 생각해보면 그럴 것도 같습니다. 세밀히 관찰하기 위해서는 대상을 포착해서 반복적으로 관찰해야 하는데 그런 기술이 있기 전까지는 연구하는 것 자체가 무리였을 것 같아요. 둘째, 언어학 연구 방향의 문제입니다. 현대에 많은 성과를 냈던 언어학에서 가장 큰 영향력을 발휘한 촘스키의 연구가 언어 능력(linguistic competence)을 강조하며 내적 정신 기제에만 주목했기 때문이라고 합니다. 저는 언어가 다른 인지기능과 분리되어 독립적인 모듈(module)을 형성하고 있다는 촘스키의 가설이 더 큰 원인이라고 생각합니다. 그렇게 되면 자연스럽게 언어는 언어 외의 것들과 결별할 수밖에 없습니다. 하지만 인지언어학자들은 우리의 체험으로 만들어진 개념 세계가 다양한 표현양식으로 나타날 수 있다고 생각하는데, 저도 이를 토대로 언어와

8) 아담 켄든(2004:414)

신체언어 등을 함께 이야기하려 합니다.

앨런 피즈와 바바라 피즈(2004:29)는 <보디랭귀지>에서 신체 언어를 정확히 읽기 위한 3가지 규칙을 제시하고 있습니다.

1. 각각의 몸짓을 하나의 집합체로 묶어서 읽어라
2. 말과 행동이 일치하는가를 살펴라
3. 상황 안에서 보디랭귀지를 읽어라

위 규칙들은 '각각의 몸짓'이라는 개별적 요소로 시작해서 그것들을 종합적으로 고려하고 더 나아가 '말', '상황' 등 주변 요인을 덧붙여가며 함께 고려할 것을 강조합니다. 분석이란 말이 나눌 분(分)과 쪼갤 석(析)으로 된 것처럼 우리는 무엇을 연구하기 위해 그것을 부분으로 나누어야 합니다. 마치 블록을 다 해체해서 각각의 요소들을 파악하고, 다시 원래의 모습을 구성해나가며 전체의미를 파악하는 것 같습니다. 물론 블록과 달리 신체를 부분으로 나누는 것은 매우 주관적이기는 합니다. 그래도 신체언어에 관련된 책들을 보면 그 분류는 대동소이합니다. 이 책에서도 2장에서 6장까지 신체를 분할해서 살펴볼 것입니다.

'분할'을 말하니 신체부위를 나눠서 운동을 하는 웨이트 트레이닝이 떠오르네요. 다들 건강을 위해 운동 하나씩 하시죠? 갑자기 운동을 말하는 이유는 '동작'도 더 작은 단위로 나누어진다는 점을 말하려고요. 동작도 신체처럼 임의로 나누어집니다. '주관'이나 '임의'라는 말을 쓰는 이유는 이렇게 생각하시면 이해가 됩니다. 만약 옆에서 있는 트레이너가 "앉아보세요."라고 하면 '앉다'라는 동작의 시작과 끝은 어디일까요? '경계'가 명확하지 않습니다. 이제 신체 부위나 동작이 누군가에 의해 주관적으로 정해진 것이란 걸 알았으니 앞으로 이런 부분도 눈여겨보시면 좋을 것 같아요.

이 글을 시작하며 제시한 어휘의 속성 구조인 형태와 기능으로 간단히 신체언어를 살펴보겠습니다. 우선 '형태'부터 볼까요?

승리를 나타내는 'V'는 제2차 세계대전에 윈스턴 처칠이 사용하기 시작한 후 많은 변형을 거쳐 전 세계

에서 사용 중이라고 알려져 있습니다. 승리라는 의미의 Victory에서 첫 글자 'V'만을 사용했고, 손으로 그 형태를 표현했습니다. 'V'만 사용했다는 점에서 부분으로 전체를 나타내는 환유가 사용되었고, 신체로 문자의 형태를 유사하게 드러냈습니다. 'V' 모양의 제스처가 승리를 의미하는 것이 모든 나라에 적용되는 것은 아닌데 실제로 그리스, 터키에서는 상대방에게 모욕을 주는 행동이라니 주의가 필요합니다. 제스처의 의미가 몸 자체에서 나온 것이 아니라 역사나 문화를 배경으로 하면 보통 이렇습니다. 다음은 '기능'에 대한 예를 보겠습니다.

기도하는 손의 모양은 세계적으로 위의 두 가지 형태를 가장 많이 취하는 것 같습니다. 베탄 패트릭과 존 톰슨(2014)은 "이 자세는 마치 묶이거나 쇠고랑을 찬 수감자의 손을 흉내 낸 것처럼 보이지만, 예배를 드릴 때 이렇게 손을 모음으로써 신의 뜻에 대한 겸허와 순종을 표현하고 있다."고 합니다. 표현이 매우 함축적입니다. 같은 손 모양인데 의미가 다르다는 걸 강조하고 있어요. 전자와 후자의 차이를 타의와 자의 정도로 보면 될까요? 그런데 수감자와 기도하는 사람은 왜 같은 자세를 취하는 걸까요? 어떤 사람들은 왼쪽 사진의 자세가 교회의 첨탑을 표현하는 것이라고도 합니다. 하지만 그렇게 접근하면 불교나 기타 종교에서 합장을 하는 경우나 오른쪽처럼 변형적 사용에 대해 설명할 수가 없습니다. 이 자세는 형태가 아니라 기능에서 접근해야 합니다. 손바닥과 손등은 동전의 양면처럼 상호의존적입니다. 하지만 기능 면에서 손바닥의 비중이 압도적입니다. 왜냐하면 무엇을 잡거나 들거나 쓰기 위해서 그 대상과 만나는 것이 항상 손바닥이기 때문입니다. 이런 양 손바닥이 서로를 향하게 되면 우리는 외부대상에 대한 통제력을 잃게 됩니다. 그래서 손바닥끼리 서로 만나는 유형의 동작들은 수감자 및 기도하는 사람에게 각각 통제당하는 것과 순종의 의미를 나타내게 됩니다.

3. 캐릭터

영화나 애니메이션 등 문화콘텐츠에 등장하는 캐릭터들은 의인화를 통해 그 생명을 얻습니다. 그래서 의인화에 대해 깊이 이해하면 캐릭터의 분석이나 창조에 도움이 됩니다. 이제 우리 주변의 간단한 예로 의인화에 대해 살펴보겠습니다. 아래 의자가 있습니다.

의자 회전의자 흔들의자

우리가 범주적 은유를 통해 사람의 신체 부위를 사물의 각 부위에 투사할 때 신체의 모든 부위가 사용

되지는 않습니다. 그래서 의자에 다리는 있지만 무릎이 나 발은 없습니다. 물론 의자에 다리가 생겼으니 이 지식을 기초로 '의자 양말' 또는 '체어 슈즈'란 단어가 생길 수 있습니다. 그렇다고 사람처럼 양말을 신고 그 위에 신발을 신는 것은 아닙니다. 일본어에서도 椅子脚カバー(의자+다리+커버)나 チェアソックス(의자+양말)이 있고, 중국어에도 座椅脚套(의자+발+커버)가 있습니다. 의인화 양상에 큰 차이가 없네요. 사람과 직접 관계하는 의자의 부분들은 그 이름이 사람에게 종속됩니다. 그래서 등과 팔은 '의자 등'이나 '의자 팔'처럼 의자의 것이 아니라 '의자 등받이'나 '의자 팔걸이'처럼 사람의 것이 됩니다. 의자는 말이 없고 언어는 인간의 것이니 인간 중심으로 표현이 구성됩니다. 재밌는 점은 위 사진의 회전의자처럼 다수의 바퀴가 달린 부분이나 흔들의자의 수평으로 굽어진 부분도 다리로 불린다는 점입니다. 비트겐슈타인의 가족유사성(family resemblance)이란 개념을 생각하면 한 범주에 원형(prototype)적인 실례 외에 다양한 비원형적 실례가 존재할 수 있다는 점을 이해하기 쉽습니다. 우리는 아빠나 엄마 중 한 사람과 동일하게 생기지 않아도 가족이라는 것을 알 수 있

습니다. 일부의 속성을 서로가 공유하고 있기 때문이죠. 의자도 마찬가지로 '의자'하면 바로 떠오르는 원형적인 모습이 있고, 원형과는 거리가 있는 다양한 의자들도 존재합니다. 만약 여러분이 작가나 감독이라서 독자나 관객에게 낯설거나 참신한 느낌을 주고 싶다면 상상력을 통해서 그 범주를 벗어나지는 않지만 원형에서 거리가 먼 캐릭터를 만드는 것이 유리합니다.

의인화의 또 다른 중요한 특징은 사람과 사물 간의 유사성이 의인화의 정도를 결정한다는 것입니다. 애니메이션에서 의인화된 캐릭터는 동물 중에서도 포유류의 비중이 압도적입니다. 포유류의 해부학적 구조와 생리학적 기능이 양서류, 파충류, 조류에 비해 인간과 더 유사해서 인간적 속성을 투사하기가 상대적으로 용이하기 때문입니다.[9] 즉, 사람과 사물 사이에서 유사성을 찾기 쉬운 정도가 영향을 미치는 거죠.

의인화의 정도는 한 캐릭터에서도 시간이 흐르며 친밀감이 더해지면 변화하기도 합니다. 1950년 <피너츠>의 연재가 시작됐을 때 스누피는 현실의 개처럼 네

9) 신홍주(2019:6)

만화 〈피너츠〉

발로 걷다가 1952년에 스누피의 속마음을 보여주는 생각 말풍선이 등장하고 1956년에는 두 발로 걸어 보이더니 춤까지 춥니다.[10] 캐릭터마다 다를 수 있는 의인화의 정도가 동일한 캐릭터라 할지라도 시간의 흐름에 따라 달라질 수 있다는 점을 보여줍니다. 이 외에 '맥락'에 의해서 강화되기도 합니다. 신홍주(2019:14)는 미국 드라마 <프렌즈>(1995)에 등장하는 챈들러의 대사를 통해 같은 신체 부위라도 상황에 따라 의인화의 표현이 달라질 수 있음을 지적합니다.

(7) "도널드 덕은 원래 바지를 안 입잖아. 근데 샤워하고 나올 때마다 꼭 허리에 수건을 두르더라. 왜 그래?"

도널드 덕이 수건을 두른 이유는 맥락이 의인화 정도를 강화했기 때문입니다. 오리가 '인간처럼' 샤워를

10) 신홍주(2019:5)

하게 되면서 의인화의 정도가 강해졌고, 그로 인해 생긴 불순한(?) 상상을 가리기 위해 '수건'이 필요해진 거죠.

지금까지 몸 콘텐츠를 체계적으로 살피기 위해 필요한 이론 도구들을 챙기느라 수고가 많으셨습니다. 이제 본격적으로 몸 콘텐츠의 세계로 들어가 보겠습니다.

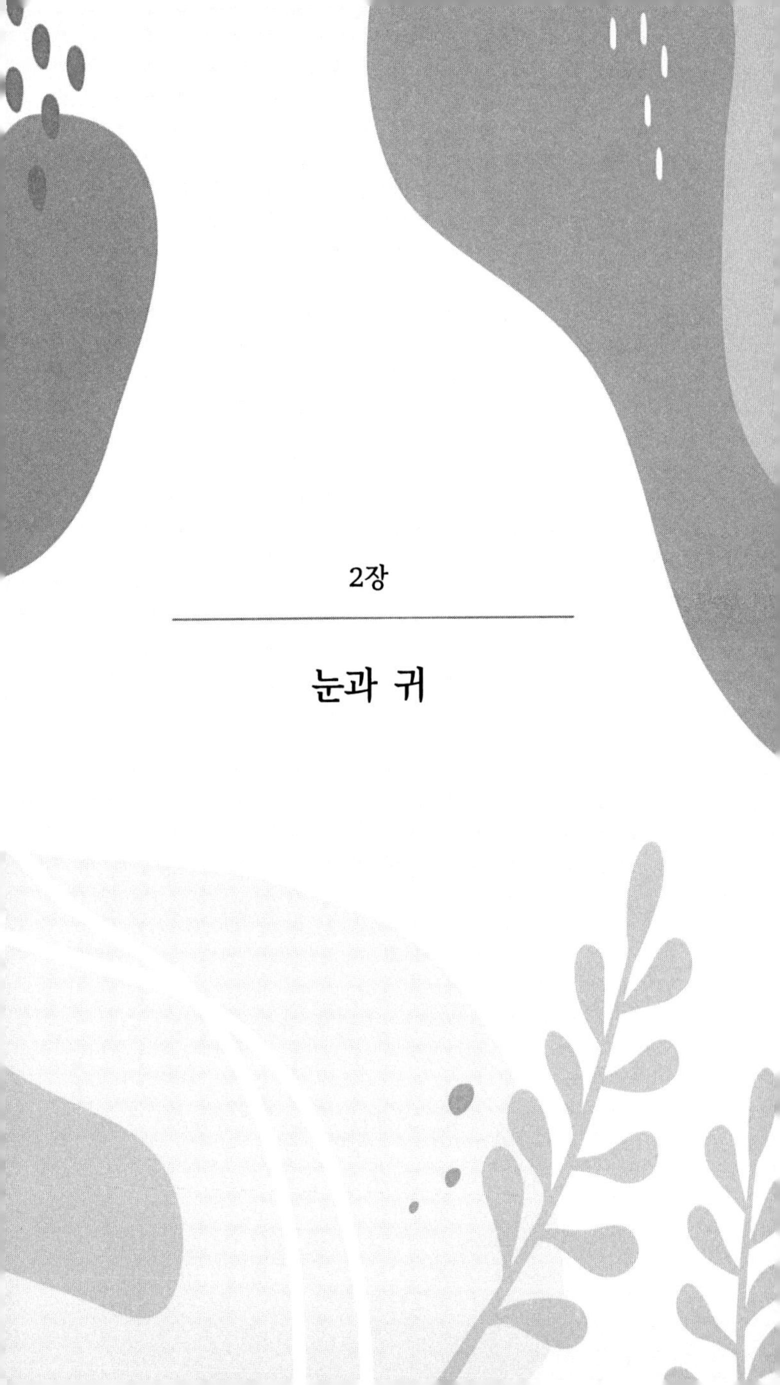

2장

눈과 귀

눈과 귀

1. 눈

스마일리

헬로키티

국내에서는 그냥 '스마일'이라고 부르기도 하는 '스마일리'는 눈은 무표정이고 입만 웃고 있습니다. 이와 반대로 일본의 인기 고양이 캐릭터 '헬로키티'는 입이 없고 눈으로만 웃습니다. 이런 눈과 입에 대한 인지 차이 때문에 '헬로키티'는 서양인에게 이상한 느낌을 준다고 합니다. 1982년 스콧 팔만(Scott Fahlman) 교수가 농담 뒤에 :-) 과 같은 문자를 사용할 것을 제안하면서 사용되기 시작한 것으로 알려진 이모티콘[1]에서도 동양은 옆으로 눕히지 않은 ^^ 를 많이 사용합니다. 여기서도 웃음을 나타내는 데 사용되는 신체 부위에 차이가 있습니다. 영화 캐릭터도 동양의 무사나 닌자들이 눈만 남기

1) 이선영(2021:2)

고 다 가리는 것과 다르게 서양의 배트맨이나 조로가 입을 훤히 드러내는 가면을 쓰는 것이 그렇죠.[2)]

웃음을 나타내는 동양의 반달 눈은 아치 모양의 눈썹에서 온 것 같습니다. 눈썹을 추어올리는 행위는 동서고금을 막론하고 먼 거리에 있는 상대가 자신의 얼굴에 관심을 끌게 하는 데 효과적입니다.[3)] 눈썹으로 아치 모양을 만드는 것처럼 중력을 거스르는 행동은 대부분 긍정적인 신호거든요.[4)] 눈썹이 아니라 눈이 반달 모양이라고 반박하시는 분들도 있지만 제 생각은 눈 자체보다 눈썹을 반달로 만드는 게 쉬울 것 같아요. 제가 눈썹의 모양으로 눈을 대신한다고 말하는 이유는 우리가 눈동자, 흰자위, 눈썹 등 눈을 구성하는 부분을 통해 눈 전체를 나타내는 환유에 익숙하기 때문입니다. 푸른 눈을 뜻하는 '벽안(碧眼)'은 사실 눈 전체가 푸른 것이 아니라 '눈동자'가 파란 것이고, "노트북을 오래 봐서 눈에 핏발이 섰다."라고 하면 눈 전체가 아니라 '흰자위'에 핏발이 생긴 것처럼요.

2) 조선일보(2020.05.21.[유현준의 도시 이야기])
3) 앨런 피즈·바바라 피즈(2004:170)
4) 존 내버로(2018:46)

상상의 세계에서는 애니메이션 <기생수>의 주인공처럼 손끝에 새로운 눈이 생기거나 영화 <판의 미로>에 나오는 '페일맨'처럼 손바닥에 눈이 있을 수도 있습니다.

애니메이션 〈기생수〉

이렇게 손에 눈이 달리면 고개를 돌리지 않고도 손을 움직여서 다양한 방향의 사물들을 빠르게 이동하며 볼 수 있을 것 같은데 '페일맨'은 왜 손(눈)을 원래의 위치로 다시 가져다 놓을까요? 기생수의 주인공도 얼굴에 있는 눈이 사라지고 손에만 눈이 남았다면 페일맨과 같은 행동을 했을까요? 갑자기 추가적인 눈을 엉덩이나 무릎 등에 배치하면 행동이나 의상에 어떤 변화가 필요할지 궁금합니다. 만화나 영화에서 눈의 위치가 바뀌는 것 이외에 '눈'이 범주적 확장을 통해 사물에 생기는 경우

영화 〈판의 미로〉

도 많습니다. 익숙해서 그렇지 여기에도 처음에는 상상력이 필요했을 겁니다. 아래 사진의 그물과 태풍에서 눈을 한 번 찾아볼까요? 눈의 형태적 유사성을 사물에서 찾아보시죠.

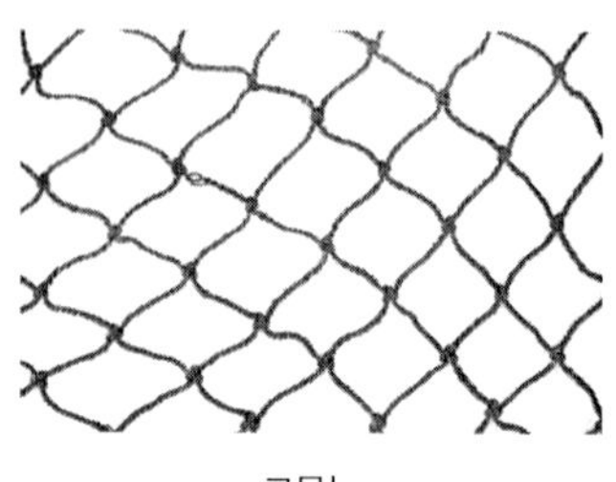

그물눈

태풍의 눈

눈이 사물에 쓰여 '그물눈'이나 '태풍의 눈'이 되었습니다. 중국어에서도 '网眼(그물+눈)'이란 말을 쓰는데, 일본어는 독특하게 그물눈을 바구니를 통해서 '籠目(바구니+눈)'라 합니다. 눈을 이야기하니 터키 그랜드 바자르에서 산 터키의 나자르 본주도 생각납니다. 당시에는 이뻐서 샀는데 나중에야 그 상징에 대해 알게 되었습니다.

나자르는 '눈' 또는 '보다'라는 뜻의 아랍어이고, 본주는 터키어로 '구슬'이라는 뜻입니다. 기원전 3000년, 고대 이집트에서는 오시리스(Osiris) 신의 눈이 보호력을 가지고 있다고 믿었는데, 이것이 나자르 본주가 수호를 상징하는 눈 모양이 된 기원이라 합니다.[5] 아랍어에서 단어 '눈'이

'보다'라는 의미로도 사용되는 것을 보니 사물(눈)이 기능(보다)을 대체하는 환유는 모든 언어에 보편적인 것 같습니다. 그런데 '눈'이 보호나 수호를 상징하는 이유는 무엇일까요? 눈은 무엇을 보고 이해하고 통제할 수 있게 해줍니다. 그래서 눈이 지혜나 지배 등의 의미를 가집니다. 아래 그림을 보실까요.[6]

키클로페스

창힐

---

5) 헤럴드경제(2020.03.17.)
6) 사진출처: 네이버 백과사전

시칠리아 해안의 섬에서 양과 염소를 기르며 동굴에 사는 키클로페스는 야만적인 성격으로 묘사됩니다. 한자(漢字)를 창제했다는 창힐과 상반되는 캐릭터입니다. 그 둘은 눈의 개수에서도 상반됩니다. 키클로페스는 눈이 하나밖에 없고, 창힐은 눈이 네 개나 됩니다. 마치 눈의 양적 증가가 지혜라는 기능의 증가로 이어지는 듯합니다. 우선 크기가 아니라 양을 선택했다는 것도 재밌지만 제가 주목한 것은 눈이 하나면 중간에 있고, 눈이 많아지는 경우 짝을 지어 대칭을 유지하는 현상입니다. 마크 존슨(1987:176)은 균형에 대해 다음과 같이 말합니다.

> "어린애는 일어서고 비틀거리고 땅바닥에 넘어진다. 어린애는 새로운 세계가 열릴 때까지 계속해서 반복적으로 시도하고 돌연 귀여운 직립 인간이 된다. 균형 잡기는 규칙에 의해 명제적으로 기술될 수 없는 하나의 선개념적인 신체적 활동이다."

우리는 태어나면서부터 균형이 주는 안정적인 감각을 중시하고 균형이 깨지는 것에 긴장합니다. 생각해보면 키클로페스의 눈이 중간이 아니라 한쪽으로 기울어져 있거나 창힐의 눈들이 무질서하게 위치하면 기괴한 느낌이 들 것 같습니다. 그래서 아이돌 그룹도 센터에서 중심을 잡아줄 멤버를 정하고, 언어표현에도 '균형 잡힌 삶'이나 '균형 잡힌 몸매'처럼 균형에 대한 동경이 드러납니다.

만약 창힐이 가진 네 개의 눈이 동서남북으로 하나씩 달렸다면 세계를 어떤 방식으로 봤을까요? 그리고 위의 그림처럼 네 개의 눈으로 하나의 사물을 바라보면 어떤 느낌일까요? '시선'의 '선(線)'이나 '눈길'에 '길'이 쓰이는 것을 보면 우리가 무엇을 바라볼 때 우리의 눈과 대상 사이에 하나의 길이 열리며 서로 연결되는 것 같습니다.

영장류 중에 인간만이 유일하게 눈에 '공막', 즉 흰자위가 있어서 시선이 어디로 향하는가를 알려주는 의사소통의 보조 수단으로 진화했습니다.[7] 제가 음식점에서 종업원과 대화가 하고 싶으면 종업원을 쳐다보고, 교실에서 특정 학생과 대화가 하고 싶으면 그 학생을 쳐다본다는 의미에서 시선은 확실히 의사소통의 보조 수단

7) 앨런 피즈·바바라 피즈(2004:169)

이 맞습니다. 그렇게 상대방과 내가 서로 쳐다보게 되면 대화가 시작됩니다. 그래서 학생들은 수업시간에 어려운 질문을 피하려면 우선 교수의 시선을 피해야 합니다.[8] 그리고 친구와 타인에 대해 험담을 하다가 당사자가 나타나면 우리는 친구에게 그가 나타났으니 그만 이야기하라는 뜻을 시선을 통해 표현할 수도 있습니다. 만약 친구가 눈치가 없어서 뒷담화의 당사자에게 걸리게 되면 따가운 눈빛을 받게 됩니다. 그럴 때는 위의 학생들처럼 눈을 피하는 수밖에 없습니다. 다른 방법으로는 손으로 자기 눈을 가릴 수 있는데 이런 행위는 나쁜 정보를 차단하는 행동이며, 부정적인 감정이나 걱정, 자신감 부족을 나타낼 때 하는 행동입니다.[9] 주의할 점은 상대방과 눈을 맞추는 것에 대해 문화마다 다양한 해석이 존재한다는 것입니다. 핀란드인과 프랑스인은 상대방과 똑바로 눈을 맞춰야 한다고 생각하는 반면 일본인과 한국인은 무례하고 위협적이라고 보기도 합니다.[10] 그래서 저는 제 눈을 피하는 제자들을 볼 때면 한국, 일본 및 중국에서 모인 제자들이라서 그렇다고 위안을 합니다.

---

8) 마크 냅 외(2014:405)
9) 조 내버로(2018:63)
10) 캐럴 킨제이 고먼(2010:216)

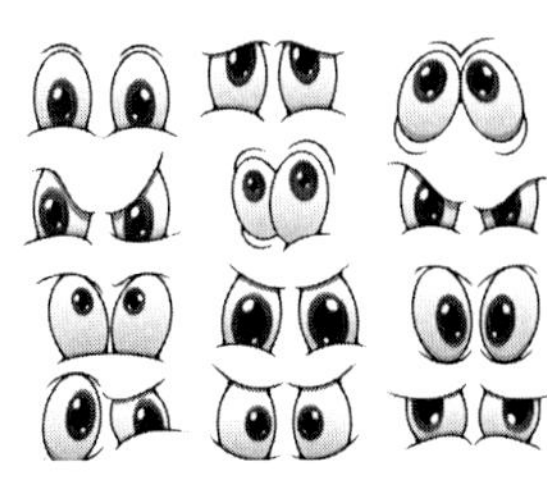

눈에서 빔을 쏘는 캐릭터는 마징가Z에서 슈퍼맨, 사이클롭스까지 굉장히 많습니다. 그런데 왜 눈에서 광선이 나가는 걸까요? 코나 입에서 나가면 어떨까요? 제가 이전에 한 논문에서 '도식 내 역전현상'[11]이란 개념을 만들어 소개한 적이 있습니다. 쉽게 말해 일단 나아가는 경로가 생기면 그 경로를 통해 반대 방향의 운동도 일어날 수 있다는 것입니다. 즉, 눈으로 빛을 수용하면서 생긴 경로가 반대로 눈빛을 쏜다는 상상을 할 수 있게 만들었다는 것이죠. 역시 상상에도 일정한 패턴이 있는 것을 알 수 있습니다. 눈에서 광선이 아니라 하트가 나오는 경우도 있습니다. 하트는 왜 눈에 그릴까요? 보통 만족스럽거나 기쁠 때 동공 확장이 나타나고 이는 숨길 수가 없다고 하네요.[12] 그래서 그 자리에 사랑의 상징인 하트를 둔 것은 아닐까 생각합니다.

---

11) 박응석(2021a:159)

12) 조 내버로 · 마빈 칼린스(2008:87)

2. 귀

이제 귀에 대해 살펴보시죠. 귀의 사전적 의미는 다음과 같습니다.

> 사람이나 동물의 머리 양옆에서 듣는 기능을 하는 감각 기관. 바깥귀, 가운데귀, 속귀의 세 부분으로 나뉜다.

형태를 더 자세히 보면 바깥귀는 다시 귓바퀴, 귓불과 귓구멍으로 나뉘고요. 귀의 구성을 자세히 본 이유는 역시 환유적 사용 때문에 그렇습니다. “나 오늘 귀 뚫었어.” 또는 “그 사람은 귀가 정말 커.”라고 하면 바깥귀를 이야기하는 것이고 그중에서도 귓바퀴나 귓불에 관한 이야기입니다. 귀(전체)라고 말하지만 엄밀한 의미에서 귓바퀴(부분)나 귓불(부분)인거죠. 예문처럼 누구는 귀의 일부를 뚫기도 하고 다른 누구는 유도나 레슬링같은 운동으로 귀에 충격을 줘서 모양에 변화가 생기기도 합니다. 그 변화된 모습이 만두의 모습과 비슷해서 보통 ‘만두귀’라고 하는데 중국어와 일본어에서도 ‘饺子耳(만두+귀)’와 ‘餃子耳(만두+귀)’라고 합니다. 처음에 ‘cauliflower ear(꽃양배추+귀)’라는 단어가 한국, 중국과 일본에 모두 ‘콜리플라워 이어’, ‘菜花耳(콜리

플라워+귀)'과 'カリフラワー・耳(콜리플라워+귀)'로 번역되었지만 사람들에게 '콜리플라워'보다 '만두'가 더 친숙해서인지 '만두귀'가 더 많이 쓰입니다. 애니메이션에서는 이렇게 귀의 모양이 아니라 크기에 변화를 주기도 합니다.

만두귀

애니메이션 〈디지몬 어드벤처〉

아기코끼리 덤보는 큰 귀를 이용해서 날아다니고 애니메이션 <디지몬 어드벤처>의 테리어몬은 큰 귀로 회오리를 발생시킵니다. 앞에서 눈은 두 개에서 네 개로 양적으로 증가했는데, 귀는 크기가 커지는 것을 선택했습니다. 커진 귀는 비행기의 날개와 형태적 유사성을 갖게 되면서 바람과 관련하게 됩니다. 마치 어린 시절 두 팔을 벌려 비행기가 되어 뛰어다니던 생각이 납니다. 비행기의 가장 큰 특징인 날개는 이렇게 귀나 팔로 표현이 가능하네요. 무언가를 모방할 때 이렇게 전부가 아닌 부분만 모방한다는 점이 매우 중요합니다. 사람이 한 번에 눈앞의 장면 전체를 볼 수 없는 인지적 특징의 반영입니다.

문화적으로 귀는 정보를 수용하는 신체 부위라서 지혜로운 이는 아주 큰 귀, 특히 커다란 귓불을 가졌을 것으로 생각했습니다. 크기가 크면 기능도 더 좋을 것이라는 양적 도상성에 기반한 생각이죠. 그래서 초기의 힌두, 불교와 중국의 조각을 연구해보면 그 대상들이 중요한 왕족일 경우에는 석가모니처럼 보통 기다란 귓불이 있음을 알 수 있습니다.[13] 이런 귀의 특징은 애니메이션 <날아라 슈퍼보드>의 삼장법사같은 캐릭터에 잘 반영되어 있습니다.

애니메이션 〈날아라 슈퍼보드〉

귀는 항아리나 주전자에도 있습니다. 귀의 위치나 형태의 유사성을 통해 사물로 확장됩니다.

---

13) 데즈먼드 모리스(1985:102)

항아리

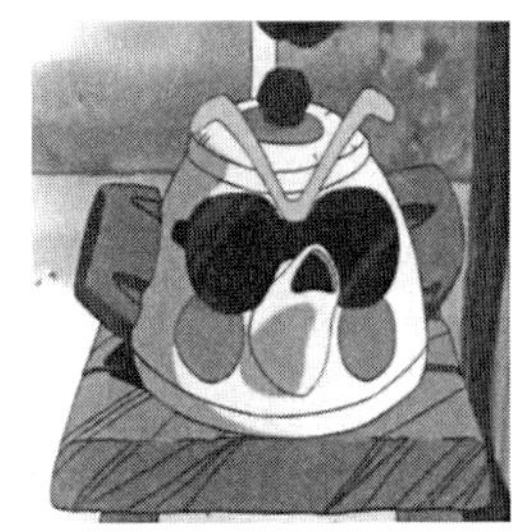

애니메이션 〈시간 탐험대〉

위에서 항아리는 대칭구조로 어디가 앞이라고 말하기 어려울 것 같지만 주전자는 물이 나오는 부분을 앞이라 생각하기 쉬울 것 같습니다. 애니메이션 <시간 탐험대>의 '돈데크만'을 생각하면 이해가 쉬울 것 같아요. 물이 나오는 곳은 코나 입으로 쉽게 의인화할 수 있습니다. 그럼 귀의 위치도 쉽게 정해지죠. 물론 위 항아리처럼 대칭구조인 경우 사람과 마주 보고 있는 면이 얼굴처럼 느껴지는데 이는 우리가 평소 서로 마주 보고 의사소통하는 '대면모형'에 익숙하기 때문입니다. 다만 주전자처럼 형태가 비대칭인 경우는 형태의 다름이 각 부분의 지위를 결정해서 대면모형은 힘을 잃습니다. 위에서 '돈데크만'이 뒤를 보고 있으면 우리가 그 뒤통수를 보고 있다고 해서 그 부분이 '돈데크만'의 앞면이 되지 않는 것처럼요. 이렇게 상상을 통해 사람의 귀를 사물에 투사할 수도 있지만, 거꾸로 동물이나 엘프 등의 귀를 사람에게 사용하는 경우도 있습니다.

애니메이션 〈이누야샤〉

엘프 귀

애니메이션 <이누야샤>의 이누야샤나 위의 모델은 개나 엘프의 귀를 가져다 쓰고 있습니다. 주목할 것은 여기서도 환유적으로 부분만 가져다 쓴다는 점입니다. 캐릭터에 개의 이미지를 부여할 때 반드시 몸 전체가 개일 필요는 없습니다. 가장 특징적인 부분만 가져와서 '혼성(blending)'하면 되는 거죠. 엘프의 이미지를 구축하는 것도 마찬가지입니다. 중국에서는 일부 사람들이 '엘프 귀'로 성형을 한다고도 합니다.[14] 이전에는 당나귀 귀라고 불리며 교정의 대상이었다는데 아름

14) 중앙일보(2021.06.11.)

다음은 확실히 시간이나 개인에 따라 차이가 있어 보입니다. 엘프 귀가 지금의 모습을 갖추게 된 것은 <반지의 제왕>을 쓴 톨킨이 소설에서 엘프 귀가 뾰족하다고 언급한 것을 일본 창작물에서 지나치게 길고 뾰족하게 표현한 것이 시작으로 알려져 있습니다.

고양이는 귀의 위치가 인간과 달라서 우리 신체에 맞게 만든 헤드폰을 쓰기 어렵습니다. 고양이가 헤드폰을 쓴다면 애니메이션 <요괴 워치>의 지바냥처럼 귀에 억지로 끼는 것이 맞을지, 오른쪽의 고양이처럼 귀는 무시하고 헤드폰이니 머리에 쓰면 되는 것인지 헷갈립니다. 일본에서는 전통적으로 고양이의 인기가 너무 좋아서 고양이 귀 모양을 한 머리띠나 헤드폰 등 다양한 관련 상품이 있습니다. 귀가 움직이는 형태의 머리띠들도 있는데 이는 사슴들이 경계

애니메이션 〈요괴 워치〉

해야 할 소리를 들으면 머리를 추켜들고 이리저리 비틀듯 움직이는 모습을 반영한 것입니다. 우리의 귀에도 그런 운동의 잔영이 남아 있어서 귀 부근의 근육에 힘을 주면 귀가 머리 양쪽으로 납작하게 달라붙는 형상을 합니다.[15] 귀만으로 우리가 무엇인지 알아볼 수 있는 매력적인 동물에 또 어떤 것들이 있는지 한 번 찾아보는 것도 재밌을 것 같습니다.

이제 귀의 기능 면을 볼까요? 상대방이 듣기 싫은 이야기를 하면 우리는 귀를 막는 제스처를 할 수 있습니다. 이런 제스처 때문인지 눈처럼 뜨거나 감을 수 있는 것도 아닌데 "귀를 열다."라는 표현이 있습니다. 귀를 연다는 것은 상대방의 음성정보를 수용한다는 것이고 이는 내 행동에 영향을 미칩니다. 그래서 우리는 누군가의 의견을 따른다고 할 때 "네 말을 들을게."라고 합니다. 말을 듣는 것(원인)과 그것이 행동으로 이어지는 것(결과). 즉, 원인으로 결과를 나타내는 인과환유가 사용된 것입니다. 말을 들을 때 주의 깊게 듣는 것은 경청(傾聽)이라 하는데 말 그대로 '기울여 듣는다.'는 뜻이죠. 균형을 깨고 특정 방향으로 내 귀(몸)를 기울인다는

15) 데즈먼드 모리스(1985:95)

것은 모든 주의력을 그쪽으로 향함을 나타냅니다. 그렇다고 귀가 얇아져서 남의 말을 너무 쉽게 받아들여서도 안 되겠습니다. "귀가 얇다."라는 말은 피부가 얇으면 자극에 더 민감하니 귀가 얇은 것이 다른 사람 말에 영향을 더 잘 받는다는 뜻이 된 것 같습니다.

사람 귀에는 소리가 들어가고 바늘귀에는 실이 들어갑니다. 한국과 일본의 바늘에는 '귀'가 달렸지만 중국과 영미권에는 각각 '针眼(바늘+눈)'과 'the eye of a needle'로 '눈'이 달렸습니다. 한국어와 일본어 '바늘귀' 및 '針の耳(바늘+귀)'는 귀로 소리를 수용하는 방향과 바늘구멍에 실이 들어가는 방향의 유사성에 기반했고, 영어와 중국어의 '바늘눈'은 눈과 바늘구멍이 모두 타원형이라는 형태의 유사성에 기초하고 있습니다.

3장

코와 입

1. 코

돼지코

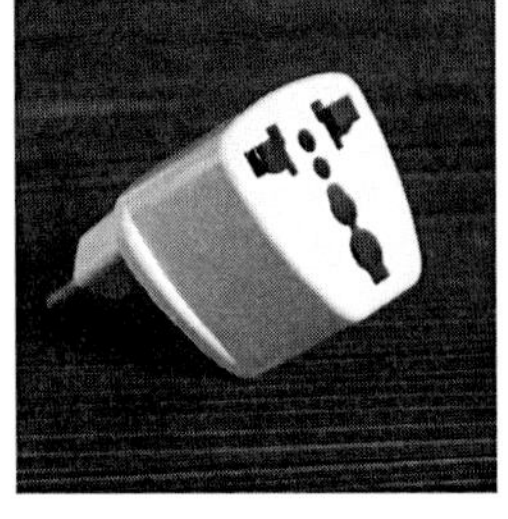

돼지코 어댑터

코의 사전적 의미는 다음과 같습니다.

> 포유류의 얼굴 중앙에 튀어나온 부분. 호흡하며 냄새를 맡는 구실을 하고 발성을 돕는다.

사람에게 '돼지코'나 '개코'라고 하는 것은 각각 형태와 기능의 유사성 때문입니다. 언어형식은 '동물+코'로 같지만 우리는 돼지코를 그 형태에 관심을 두고, 개코는 냄새를 잘 맡는 기능에 주목한다는 점을 알 수 있습니다. '돼지코'는 형태적 유사성을 통해 사물에도 쓰여서 오른쪽 이미지의 어댑터를 가리키는 데 사용되기도 합니다. 한국사람은 돼지의 특징 중 유독 코 부분에 관심이 많은지 한국수어도 아래 왼쪽 이미지처럼 돼지를 가리키는 표현에서 코를 부각합니다.

한국수어사전[1] 〈돼지〉

중국수어사전[2] 〈돼지〉

수어로 돼지 전체를 표현하기 어려우니 환유적으로 한 부분을 선택해야 하는데 한국수어는 코를 선택한 거죠. 하지만 문화마다 어떤 부분에 관심을 두는지 다를 수 있고 그런 차이가 수어에 반영됩니다. 예를 들어, 중국수어는 돼지의 귀에 주목하고 있습니다. 일단 우리가 돼지의 코에 관심을 두면서 어댑터에도 돼지코라는 이름을 사용했듯이, 중국에서는 돼지의 귀에 대한 관심을 중국드라마 <신서유기>에서 찾아볼 수 있습니다. 드라마에서 저팔계가 본 모습인 돼지로 돌아올 때 귀부

---

1) 국립국어원 한국수어사전(https://sldict.korean.go.kr/)
2) 중국수어사전(https://shouyu.bmcx.com/)

터 먼저 변한다고 하는군요.[3] 우리나라에서 드라마를 제작했다면 코부터 변했을까요? 이제 수어말고 일반적인 제스처도 보겠습니다. 돼지코를 표현할 때 태국과 필리핀, 싱가포르, 중국, 대만, 일본에서는 우리나라처럼 턱을 약간 쳐들고 콧등 아래를 손으로 밀어 올려 콧구멍을 드러내며 돼지 코를 묘사합니다. 하지만 프랑스에서는 이 동작이 손으로 코를 미는 것만큼 '쉬운 일이다.'라는 의미이고, 이슬람에서는 돼지를 악마의 상징으로 기피하는 까닭에 상대방을 무시하거나 모욕을 줄 때 이런 동작을 취한다고 하니 제스처도 역시 수어처럼 문화마다 차이가 있습니다.[4]

턱이 튀어나올 정도로 머리를 높이 쳐드는 것은 우월함이나 겁이 없음을 드러내는 방식입니다.[5] 이때 머리를 뒤로 들면 대개 코의 위치가 높아지기 때문에 거만한 사람을 우리는 "코가 높다."고 합니다.[6] 애니메이션에서 보통 이 자세는 턱을 들고 아래를 보는 시선을 통해 무시나 제압의 느낌을 전달하기 때문에 악당들

3) 석수영 · 김기석(2017:39)
4) 이노미(2009:198)
5) 앨런 피즈 · 바바라 피즈(2004:230)
6) 박여성(2019:144)

의 전형적 자세로 쓰입니다.[7] 현실에서는 이탈리아의 독재자였던 무솔리니와 프랑스의 샤를 드골 장군이 자신감이나 우월감, 오만함을 나타내는 행동으로 유명합니다.[8]

코뚜레

"코가 높다."처럼 코의 위치가 아니라 "코를 납작하게 만들었다."나 "코가 비뚤어지게 술을 마셨다." 처럼 코의 형태에 변화를 줄 수도 있습니다. 코가 높은 것이 자신감을 나타내므로 코가 납작해진다는 것은 기가 죽고 자신감이 하락한 모습을 보여준다는 건 쉽게 알 수 있죠. 다만 술을 얼마나 마셔야 코가 비뚤어지는지 모르겠습니다. 얼굴의 중심을 잡아주는 코가 무너진 것으로 술에 취해 균형을 상실한 모습을 비유한다고 봐야겠습니다. 남에게 약점을 잡히면 우리는 "코가 꿰이다."라는 말을 합니다. 이 말을 어떤 맥락에 쓰는지 알기 때문에 사용에 문제가 없지만 위 사진처럼 소의 콧구멍 사이를 뚫어 끼우는 '코뚜레'에 대한 문화적 지식

7) 김미숙(2013:67)
8) 조 내버로(2018:91)

이 있다면 이해가 더 깊을 것 같습니다. 튀어나온 돌이 정을 맞는다더니 소에게 코가 딱 그렇습니다. 유학생 제자들과 함께 공부하면서 느낀 점은 문화적 내용이 담긴 관용어는 가르치기도 배우기도 쉽지 않다는 것입니다. 하지만 외국어와 해당 문화를 동시에 익힐 수 있는 좋은 자료인 것은 확실합니다.

구두코

포츠와 칩

얼굴에서 튀어나온 코의 형태적 특징은 범주적 은유를 통해 사물의 튀어나온 부분을 가리킬 때도 사용됩니다. 그래서 우리는 위 그림처럼 튀어나온 구두의 앞부분을 '구두코'라고 합니다. 중국어는 '皮鞋头(구두+머리)'라 하고, 일본어는 'つま先(발톱+앞)'이라 합니다. 중국어는 구두에 코가 아니라 머리를 사용했고, 일본어는 구두에 의인화가 사용되지 않고 사람의 발끝이 닿는 부분으로 인식합니다. 같은 사물에 의인화가 다양한 방식

으로 사용되고 있습니다. 재밌는 것은 구두도 혀(tongue)가 있습니다. 가끔 새 구두의 혀가 발목을 찔러서 아프기도 하죠. 마치 처음 만나 주인을 경계하는 구두가 혀로 발목을 공격하는 모습이 상상됩니다. 영화 <미녀와 야수>에서 찻주전자와 찻잔으로 변한 포츠 부인과 아들 칩을 보면 코의 특징 중 얼굴에서 가장 튀어나왔다는 점이 캐릭터에서 코를 정하는 데 얼마나 중요한지 알 수 있습니다. 포츠 부인은 찻주전자를 의인화할 때 물이 나오는 부분이 현저하게 튀어나와 있어서 그 부분을 코로 정하고 손잡이 부분은 머리의 뒤통수가 되지만 아들 칩은 튀어나온 부분이 손잡이밖에 없어서 그 부분이 코가 되거든요.

코의 기능도 잠깐 이야기할까요? 옥스퍼드대학교 찰스 스펜스 교수는 인류가 직립보행을 하게 되면서 땅에서 멀어지게 되었고 이렇게 냄새나는 것에서 멀어지는 대신 더 멀리 볼 수 있도록 시각의 능력이 후각을 대신하게 되었다고 합니다. 그렇게 인간이 타고난 후각의 60%를 잃게 되면서 이를 대신하기 위한 탐지견 등이 등장하죠. 하지만 조만간 탐지견의 자리도 기계가 대신할 것 같습니다. 기술의 발전 속도가 빨라서 조만간 바이오 '전자 코'가 내가 먹고 있는 냄새를 전송할 수 있게 해줄 정도니까요.9) 이미 냄새를 감지해 이를 판별할 수 있는 아이폰용 센서는 개발되었고, 아이폰에 연결해 쓰는 액세서리로 이용자의 입 냄새나 혈중 알콜 농도를 감지해 경고하는 것도 가능합니다.10) 지금은 음식·음료 분야, 의료 검진, 오염물질 및 가스 누출 검색에 많이 활용되는 전자 코가 4D 영화나 메타 버스에 적용될 날도 멀지 않은 것 같습니다. 그래도 위 사진에서 핸드폰에 연결한 전자 코는 형태적으로 코와 많이 다르네요. 물론 닮아도 이상할 것 같습니다.

바이오 전자 코

'코'하면 피노키오를 뺄 수 없습니다. 피노키오가 거짓말을 하면 왜 코가 커지는 것일까요? 거짓말을 하면 피가 몰려서 코가 팽창한다고 합니다. 그래서 이를

9) EBS 과학다큐멘터리 비욘드(http://home.ebs.co.kr/beyond_ebs/main)
10) zdnet, '인간의 5배' 아이폰용 전자코 나온다(https://zdnet.co.kr/view/?no=20130107082208)

두고 '피노키오 효과'라고 합니다. 물론 실제로 코가 피노키오만큼 커지는 것은 아닙니다. 이 외에도 거짓말을 할 때 자주 나타나는 행동이 있는데 그중 눈, 귀, 코 및 입과 관련된 특징은 다음과 같습니다.[11]

1. 입 가리기: 입에서 나오려는 거짓말을 막기
2. 코 만지기: 상승한 혈압으로 코가 팽창하며 생기는 가려움을 해소
3. 눈 문지르기: 타인의 시선을 피하기
4. 귀 만지기: 듣기 싫은 정보 막기의 성인 버전

손을 몸에 대는 행동은 어떤 것이든 진정효과가 있습니다. 자기 몸에 손대는 행동은 특히 얼굴과 목처럼 민감한 부위에 할 때 효과적이고요.[12] 특히 코와 입을 가리는 행위는 충격이나 놀라움, 불안, 두려움, 의심, 걱정과 연관됩니다. 진화심리학자들은 사자나 하이에나 같은 포식자들이 우리의 숨 쉬는 소리를 듣지 못하

11) 앨런 피즈·바바라 피즈(2004:150)
12) 캐럴 킨제이 고먼(2010:128)

게 하려고 인간이 이 행동을 습득했을 것으로 추측합니다.[13] 우리 선조들은 '목숨'이나 '숨이 지다'처럼 생명을 호흡과 연관 지어 생각했습니다. 현대의학은 뇌사나 심장사를 이야기하지만 일상적 언어표현에는 관찰이 더 쉬운 호흡이 생명력이 강하네요.

2. 입

이제 입에 대해 살펴볼까요. 입의 사전적 의미는 다음과 같습니다.

> 입술에서 후두(喉頭)까지의 부분. 음식이나 먹이를 섭취하며, 소리를 내는 기관이다.

형태적으로 입술에서 후두까지면 '이'와 '혀'를 포함하고, 음식을 먹거나 소리를 내는 두 가지 기능이 주요 기능으로 표현되어 있습니다. 입은 기능적으로 무언가 들어오고 나가는 창구가 된다니 <太平御覽(태평어람)>의 한 구절이 생각납니다.

---

13) 조 내버로(2018:87)

"病從口入, 禍從口出(병종구입, 화종구출): 병은 입으로 들어오고 화는 입에서 나간다."

우선 두 가지 기능 중 먹는 것과 관련된 표현을 먼저 보겠습니다. 음식이 부족한데 친구가 급한 일로 못 오게 되면 우리는 "입이 줄었다."고 말할 수 있는데 이 때는 음식을 먹는 입(부분)을 통해 사람(전체)을 가리키는 환유가 사용된 것입니다. 신체 부위로 사람을 나타내는 부분-전체 환유는 정말 많은데 맥락에 따라 사용 부위가 달라집니다. 주변에 우리의 행동을 지켜보는 사람이 많은 걸 강조하려면 "보는 눈이 많다."고 하고, 우리의 정보를 들을 수 있는 사람이 많다면 "귀가 많다."고 할 수도 있습니다. 기이한 생각이지만 "코가 많다."를 쓸 수 있다면 어떤 상황일지 궁금합니다.

이제 다른 기능 말하기에 대해 보죠. 말은 추상적이니 보통 입이라는 구체적 사물을 통해 표현됩니다. 그래서 거친 말을 하는 사람에게 "입이 거칠다."고 하고 서로의 말이 일치하도록 계획하는 것을 "입을 맞추다."라고 은유적으로 표현합니다. 입이 거칠다는 말에 립밤을 바르거나 입을 맞추자는 말에 뽀뽀를 한다면 은유적 의미를 이해 못하고 문자적 의미로 해석한 것입니다. 이 외에 말수가 적거나 많은 것을 각각 입이 무겁거나 가볍다고 표현하는데 여기에는 무거운 입이 활동성이 떨어진다는 생각이 담겨 있습니다. 위에서 살펴본 모든 표현이 지닌 공통점은 추상적 개념 '말'을 구체적 신체 부위 '입'을 통해서 표현한다는 것입니다.

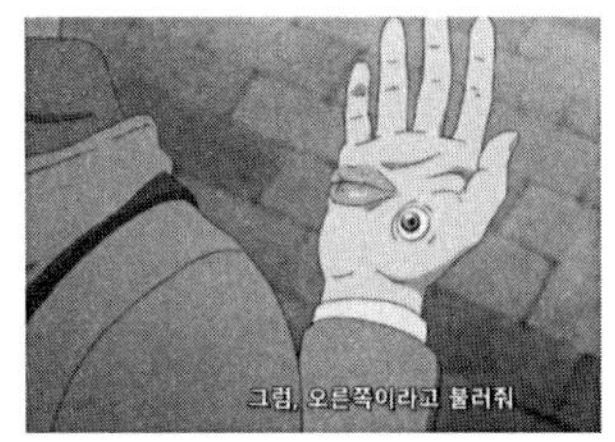

애니메이션 〈기생수〉

이렇게 말하는 기능을 입을 통해 드러내니 애니메이션 <기생수>에서 오른손에 기생하는 생명체와 대화를 할 때 그 생명체에 입을 그리지 않으면 이상할 것 같습니다. 사실 몸 안에 생각의 주체가 둘이 존재하니 소리 내어 생각을 주고받을 필요가 없지만, 관객인 우리가 대화 중이라는 것을 알아야 하니 입이 있어야 자연스럽습니다. 그래도 만약 입이 없다면 어떤 방식으로 둘의 대화를 표현했을까요? 애니메이션 <나루토>의 '데이다라'는 1개의 인격에 4개의 입이 있습니다. 입을 얼굴에 1개, 손에 2개, 왼쪽 가슴에 1개를 갖고 있지만 실제로 말을 하는 입은 얼굴에

애니메이션 〈나루토〉

있는 입 한 개뿐이고, 나머지 3개는 말을 하지 않고 무언가를 먹고 뱉는 정도의 기능만 있습니다. 이처럼 한 캐릭터의 몸에 여러 개의 입이 있는 경우 각각의 입마다 부여되는 기능이 다를 수 있습니다. 주체가 하나면 말하는 입이 하나, 주체가 둘이면 말하는 입이 둘. 말하기가 먹기보다 주체를 드러내는 대표적 기능이라는 점을 알 수 있습니다.

애니메이션 〈드래곤 볼〉

사진의 피콜로가 화가 많이 났습니다. 무엇을 먹었길래 입에서 저런 것이 나올까요? 저는 여기서 토해내는 내용물보다 그것이 코나 귀가 아닌 입에서 나온다는 것에 주목하고 있습니다. 2장에서 눈에서 빔을 쏘는 캐릭터는 봤습니

영화 〈쿵푸 허슬〉

다. 입에서는 보통 물이나 불이 나갑니다. 일반적으로 우리가 입으로 수용한 것들에 기초한 것이라 볼 수 있습니다. 입으로 말을 내뱉으며 무언가가 나가는 경로가 형성되어 있으니 사실 우리에게 무엇이 발사된다는 점에서 눈보다는 입이 더 익숙합니다. 그래서 중국 무협에는 '사자후'처럼 소리를 통한 공격도 있습니다. 사자가 포효하는 소리가 크고 멀리 퍼진다고 하니 상징으로 쓰기 좋습니다. 석주 위에 네 마리의 사자가 올라가 있거나 힌두교나 불교 신전의 출입문 양쪽에 사자상이 놓여 있는 경우를 보신 분도 있을 것 같습니다. 불교에서 '사자후'는 뭇 동물들을 두려움에 떨게 하는 큰 외침으로 붓다의 가르침이 최상이라는 점을 상징합니다.14)

14) 자현(2012:261)

충주 라바랜드[15)]

출입구(出入口)라는 나오고 들어가는 통로에 입구(口)를 쓸 정도로 '입'은 무엇이 들어오고 나가는 것에 특화되어 있습니다. 인지언어학을 통해 설명하자면 입을 통해 먹고 마시는 이런 경험들이 우리의 개념 세계에 그릇 도식(Container schema)을 형성합니다. 그릇 도식은 '내부, 외부와 경계'로 구성되어 있는데 입이 그 경

15) 충주 라바랜드 홈페이지(http://www.cjlarvaland.co.kr/home/)

계가 되는 거죠.[16] 그래서 위에 있는 라바랜드의 사진들을 보면 출입구나 미끄럼틀에 입을 활용하고 있습니다. 출입구에 눈, 귀 또는 코를 이용할 수도 있지만, 입이 제일 자연스러운 것 같습니다. 라바의 내두른 혀는 미끄럼틀이 되었습니다. 물론 코끼리의 기다란 코처럼 그 형태가 미끄럼틀에 적합하다면 다른 신체 부위의 활용도 가능합니다. 테마파크의 기획자는 캐릭터의 각 신체 부위마다 적합한 쓰임새가 무엇인지 파악할 능력도 있어야 할 것 같습니다. 라바의 혀를 보니 이전에 한 예능프로그램에서 유재석이 가수 제시에게 관용어의 의미를 맞추는 게임에서 "혀를 내두르다."의 의미를 물었더니 "이거 좀 야하게 들린다."고 대답해서 웃은 적이 있습니다. 외국어를 처음 배울 때 확실히 1차적 의미(문자적 의미)를 먼저 익힌다는 걸 확인하는 기회였습니다. 여러분도 너무 놀라면 입이 떡 벌어지거나 혀를 내두르시나요? 우리는 보통 놀라거나 괴로울 때 무의식적으로 입술을 알파벳 O자와 비슷한 타원형으로 만들거나, 턱을 갑작스럽게 떨어뜨리며 입을 벌리고 치아를 보입니다. 아쉽게도 이 두 가지 행동 모두 그 이유를 아직 밝

16) 마크 존슨(1987:93)

마오리족

히지는 못했습니다.[17] 혀를 내미는 행동은 아기가 말을 못 하므로 음식을 거부할 때 혀를 내밀어서 내뱉거나 고개를 돌리는 행동을 하는데 이 행동이 성년기까지 이어져 거부감을 나타내는 행동으로 굳어진 것입니다.[18] 마오리족의 전투 춤인 '하카'는 혀를 내미는 이 동작을 과장되게 사용해서 강한 거부감을 강조하고 있습니다.[19]

애니메이션 〈원피스〉

혀에 이어 이를 살펴보겠습니다. 애니메이션 <원피스>에서 식인종이라는 별명을 가진 바르톨로메오는 커다란 송곳니를 가지고 있습니다. 실제로 사람을 먹지

17) 조 내버로(2018:131,145)
18) 데즈먼드 모리스(2019:114)
19) 조 내버로(2018:105)

도 않고 다른 사람들처럼 불과 나이프를 사용하니 송곳니로 고기를 찢을 필요가 없지만 그 별명에 어울리는 외모를 표현하기에 송곳니가 적합했던 것 같습니다. 반대로 영화 <곰돌이 푸의 모험>에서 티거처럼 송곳니가 있으면서 숨기는 캐릭터도 있습니다.[20] 그렇지 않으면 아기 돼지 피글렛과 함께 다니는 장면마다 관객이 긴장감을 느끼게 될 것 같아요. 피를 빨아야 하는 뱀파이어에게 송곳니는 생존필수품입니다. 그래서 뱀파이어의 정체성을 보여주는 대표적 신체 부위가 되어 할로윈 시기면 뱀파이어 역할을 위해 꼭 필요한 도구가 되었습니다. 송곳니는 '송곳 같은 이'로 범주적 은유를 통해 송곳이라는 사물의 형태로 그와 비슷한 형태의 치아를 묘사하고 있습니다. 그럼 '톱니'는 톱처럼 생긴 이가 되나요?

뱀파이어 송곳니

20) 신홍주(2019:20)

톱니

톱니바퀴

'톱니'는 반대로 범주적 은유가 사람에서 사물의 방향으로 갑니다. 톱에서 물건을 자르는 부위를 사람의 치열 형태를 통해 이해하고 있습니다. 영어에서도 'sawtooth'라고 하고, 중국어에서도 '锯齿[jùchǐ/톱+이]'라고 하는 걸 보면 다들 생각이 비슷한 것 같아요. 일단 톱니처럼 단어가 만들어지고 널리 쓰이면 그 단어는 변형을 거치거나 다른 단어와 만나 더 큰 합성어가 됩니다. '톱니'가 '바퀴'와 만나서 '톱니바퀴'가 된 경우가 그렇습니다. 몸으로 상상하고, 그 상상이 사람들에게 인기가 있으면 기호로 고착되고, 고착된 기호는 다른 기호와 만나 변형되거나 확장됩니다.

4장

피부와 털

피부와 털

1. 피부

우리는 피부로 느낀다고 하지, 털이나 뼈로 느낀다고 하지 않습니다. 피부의 사전적 의미는 다음과 같습니다.

척추동물의 몸을 싸고 있는 조직이다.

우리는 세상을 이렇게 몸의 제일 바깥에 있는 피부로 느끼고 자신을 드러냅니다. 그 표현은 보통 색이나 두께 등을 통해 시작합니다.

20세기 초까지만 해도 우유처럼 하얀 피부는 나가 일하지 않아도 된다는 것을 의미했기 때문에 고귀한 신분을 상징했습니다. 오늘날에는 갈색으로 그을린 피부도 휴가를 즐길 여유가 있다는 것을 의미하므로 매력적인 피부가 되었지만요.[1] 초기 디즈니 애니메이션에 등장하는 역대 공주들을 보면 대부분 백설공주처럼 하얀 피부를 가진 사람들이었습니다. 이렇게 백인 중심적인 설정이 비판을 받고 나서야 1995년 포카혼타스, 1998년 뮬란 등 유색인종 여성을 주인공으로 등장시킵니다.[2]

---

1) 베아트리스 퐁타넬(2001:33)
2) 백란이(2018:46)

직업병이라 공주의 이름 좀 살피고 가겠습니다. 백설공주(白雪公主)는 'Snow White'의 번역어인데 한국어, 중국어와 영어 모두 하얀색을 눈이라는 자연물을 통해 말하고 있습니다. 이해는 역시 우리 주변에 있는 것을 통해 시작됩니다.

카카오 프렌즈의 오리 캐릭터 튜브는 화가 나면 피부색이 하얀색에서 초록색으로 변합니다. 초록(草綠)은 그 이름을 자연의 풀(草)에서 가져왔습니다. 중동지역에서 생명력을 상징하는 풀은 특히 소중하게 여겨져 중동의 많은 국가나 지역이 깃발의 바탕색으로 씁니다. 이들과 전쟁을 많이 했던 서유럽 사람들은 이런 이유로 녹색을 두려워했다고 하네요. 서양의 많은 문화콘텐츠 캐릭터들이 이런 상징을 많이 활용합니다. 그래서 헐크, 슈렉, 마녀와 그녀들이 만드는 독극물까지 모두 녹색이죠. 이제 거기에 튜브도 포함해야겠네요. 중국의 경극은 예전부터 다양한 피부색을 통해 캐릭터의 성격을 표현했습니다. 보통 검정색은 정직이나 정의를 나타내고, 빨간색은 충성심이 강한 영웅을 상징하고, 하얀색은 의심이나 간교함을 표현합

니다. 그래서 우리가 아는 판관 포청천은 검은색 얼굴이고, 명장 관우는 빨간색 얼굴이며, 간웅 조조는 하얀색 얼굴을 합니다.

〈경극〉 얼굴 분장

피부의 두께도 피부색처럼 성격표현에 사용됩니다. 우리는 뻔뻔한 사람을 "낯이 두껍다."고 합니다. 아무래도 피부가 두꺼우면 외부 자극에 둔감할 것이라는 생각 때문일까요? 그래서 뉘앙스는 조금 다르더라도 대부분 언어에서 '뻔뻔함'은 'thick skin', '脸皮厚(얼굴 피부+두껍다)'나 '厚かましい(두껍다)'처럼 피부의 두께가 두꺼운 것으로 표현됩니다. 이 외에도 '철면피(鐵面皮)'나 'brazen face'처럼 얼굴 피부를 쇠 등으로 표현하기도 하고요. 얼굴 피부가 딱 딱하기로 영화 <판타스틱4>의 '씽'만한 캐릭터가 없습니다. 피부가 돌인데 표정을 만들거나 움직임을 표현

영화 〈판타스틱4〉

해야 하니 돌조각들이 모인 듯한 설정을 했네요.

누군가를 기억할 때 우리는 그의 얼굴이 지닌 특징을 떠올립니다.[3] 특별한 사연이 없다면 다른 신체 부분을 떠올리지 않을 것 같아요. 그래서 남에게 나의 정체를 감출 때는 영화 <미션 임파서블2>의 주인공처럼 가면을 쓰거나 영화 <엑스맨>의 미스틱처럼 피부의 형태를 바꾸면 됩니다. 이렇게 보면 얇은 피부 한 겹이 주는 정보가 적지 않습니다. 여기에 정보를 더 추가하는 방법으로 문신이 있습니다. 중국에서는 문신의 유래가 중원 주변에서 살던 월인(越人)같은 소수민족이나 고대 범죄자들의 이마에 글자를 새겨 검은색 염료로 물들이는 형벌이라고 합니다.[4] 그들에 대한 특정 정보를 공개하는 거죠. 서구에서는 20세기 초반 선원들이 문신을 재앙을 막기 위한 부적처럼 사용했다고도 하고요.[5] 내 얼굴을 최대한 많은 사람에게 알리려면 어떻게 하면 좋을까요? 유튜브, 팟캐스트, 인스타그램 등 지금은 다양한 미디어가 존재하지만 옛날에는 사람들 사이를 끝

3) 샤오춘레이(2002:55)
4) 샤오춘레이(2002:169)
5) 루돌프 센다(2002:57)

없이 돌고 도는 화폐에 얼굴을 새기는 것이 최고였습니다. 액수만 표시해도 되는 중국의 디지털 화폐[6]에 여전히 마오쩌둥의 얼굴이 있는 것을 보면 얼굴 상징의 힘이 얼마나 강력한지 알 수 있습니다.

중국의 디지털 위안화

정확한 정보가 없는 경우 이미지의 재구성 과정에는 친밀감이 크게 작용합니다. 그렇게 자신에게 익숙한 모습으로 재현(再現)하고 기억하는 거죠. 그래서 예수는 아프리카에서는 흑인이고, 서구에서는 금발로 등장합니다. 이는 붓다도 마찬가지라 일본 애니메이션 <붓

6) 사진출처: 바이두 이미지(百度图片)

애니메이션 〈붓다〉

다>에서 붓다는 아이돌 스타의 모습입니다. 이렇게 내가 가진 정보로 새로운 정보를 해석하는 것이 인간의 사유방식이고, 주변을 자신과 비슷하게 만들어가는 것이 본능인 것 같습니다. 그래서 영화 <캐스트 어웨이>에서 배구공 윌슨은 하얀 얼굴(?) 그 자체로는 주인공의 친구가 되지 못하고 눈, 코, 입을 가진 얼굴을 갖게 됩니다.

영화 〈캐스트 어웨이〉

얼굴이 없는 캐릭터로는 애니메이션 <센과 치히로의 모험>의 가오나시(かお(얼굴)+なし(없음))도 유명합니다. 그는 얼굴을 그리지 않고 가면을 쓰는 방식을

택했습니다. 물론 가면이라 표정이 없습니다. 표정(表情)이 '(무엇에 대한) 감정의 드러남'이니 표정이 없다는 것은 외로움을 함축합니다. 그러면서도 가오나시는 가면에 뚫린 입

애니메이션 〈센과 치히로의 모험〉

으로 온갖 것들을 삼키는 탐욕을 보여줍니다. 이는 자기를 찾지 못한 채 탐욕에 무의식적으로 끌려다니는 현대인을 상징하는 캐릭터라 생각됩니다. 가오나시가 가면 때문에 감정이 드러나지 않았다면 문화에 의해 감정 반응이 용인되지 않는 지역도 있습니다. 일본, 영국, 노르웨이, 네덜란드 등 국가에서는 분노나 기쁨 혹은 그 밖의 감정을 표현하는 것을 프로답지 못한 행동으로 치부합니다. 하지만 반대로 감정을 드러내는 걸 자연스럽게 여기는 이탈리아, 프랑스, 미국, 싱가포르 등 국가의 사람들에게 표정이 없는 것은 감정이 메말랐거나 가면 뒤에 진짜 감정을 숨긴다는 오해를 살 수 있습니다.[7)]

---

7) 캐럴 킨제이 고먼(2010:212)

2. 뼈

에펠탑

뼈의 사전적 의미는 다음과 같습니다.

척추동물의 살 속에서 그 몸을 지탱하는 단단한 물질이다.

그래서 전통 있는 가문을 '뼈대 있는 가문'이라 하고, 건축에서는 '골조(骨組)'가 중요하고 뉴스도 '프레임(frame)'이 중요합니다. 에펠탑처럼 뼈대만으로도 아름다울 수 있는 건축을 보면 뼈가 그 사물의 형태 자체입니다. 우리는 과일에서 씨와 껍질 사이를 살이라고 부르는데 카카오 프렌즈 복숭아 캐릭터 어피치의 경우 씨

대신 뼈가 있는지 궁금해집니다. 걸어 다니는 것을 보면 뼈가 있을 것 같아요. 문어나 조개 같은 연체동물은 보통 부피가 작고 바닥을 기어 다니는데, 뼈를 가진 생물들은 걷고 달리게 되면서 더욱 많은 공간을 확보하게 됩니다. 즉, 생명의 존재 방식이 평면에서 입체로 변하고 신체 대부분이 바닥에서 벗어나 허공에 위치하게 되는 거죠.[8] 우리를 세상과 입체적으로 만나게 도와준 뼈는 신체에서 가장 끝까지 남습니다. 그래서 우리는 죽은 사람을 추억하기 위해 그의 뼈가 묻힌 무덤을 찾거나 뼈의 가루가 모셔진 납골당을 찾아갑니다. 그 어떤 것도 남겨진 것이 없다면 그가 살아있을 때 다니던 곳이라도 찾아가서 그를 상상하고요. 죽어서 남겨진 것. 뼈는 죽음을 상징하거나 삶과 죽음을 이어주는 물질 매개체입니다.

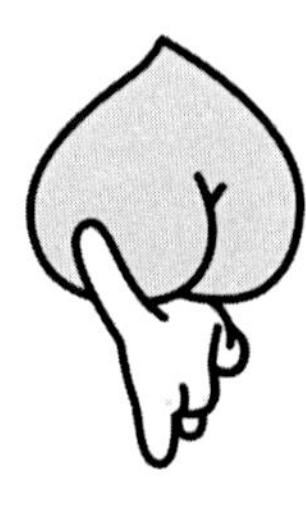
어피치

8) 샤오춘레이(2002:339)

회화 〈춤추는 죽음〉

중세 그로테스크 미학을 대표하는 한스 홀바인(hans holbein)의 '춤추는 죽음' 시리즈를 보면 죽음의 모습은 해골 이미지로 등장하는데 병든 노파, 건장한 기사, 부자, 교황 및 그리스도를 가리지 않습니다.[9] 죽음이 모두에게 예외 없이 평등하게 온다는 점이 보는 사람을 겸손하게 만듭니다. 멕시코 사람들은 살아있는 사람들에게 잊히지 않고 기억이 되면 그 사람은 죽지 않은 것으로 생각합니다. 영화 <코코>는 이런 생각을 '죽은 자의 날'에 펼쳐지는 사건들을 통해 아름답게 보여주고 있습니다. 이 작품에서도 죽은 사람들은 해골의 모습으로 표현됩니다. 보통 해골들의 움직임은 유연하지 않습니다. 그런 점은 뻣뻣한 시체라는 뜻의 강시(僵尸)가 가

9) 박세현(2021:29)

장 심하죠. 강시는 몸이 완전히 굳어서 몸 전체로 콩콩 뛰어다니니까요. 반대로 한국의 '재차의'는 손발이 썩은 상태지만 좀 더 자유롭게 움직이고 말을 듣거나 한다는 점에서 가장 활동적입니다.[10] 문화마다 죽었다가 다시 살아날 때의 신체조건이 각기 다르게 설정된다는 점이 독특합니다.

염소와 악마

한국, 일본, 중국, 미국의 대학생들에게 몇 가지 제스처를 보여주고 어떻게 해석하는지 분석한 연구가 있습니다.[11] 그중 양쪽 검지를 뿔 모양으로 머리 양쪽에 대는 제스처를 한국과 일본의 대학생들은 '화났다.'로 해석했는데 중국에서는 '뿔 달린 동물'로 해석하고 미국에서는 '악마'로 이해했다네요. 중국의 해석은 일반적이고 미국은 염소를 생각한 것 같습니다. 서구권에서는 생식력이 강하고 사람의 말을 잘 따르지 않는 염소가 음란

10) 곽재식(2018:424)
11) 홍민표(2007:373)

함과 부도덕의 상징이라 악마를 뜻하게 됩니다. 한국과 일본에서는 왜 '화났다.'가 된 것인지 궁금해지는데 만약 뿔 달린 도깨비를 상징화해 표현한 것이면 일제 강점기에 일본의 손짓 언어를 차용했을 것이라는 추측도 있습니다.[12] 뿔을 '뼈가 외부로 드러난 것'으로 보면 영화 <엑스맨>의 울버린도 같이 볼 만합니다. 재생능력과 손 등에서 튀어나오는 아다만티움이 울버린의 주요 능력인데 팬들 사이에서 손등에서 뼈가 튀어나오는 것이 가능하냐며 그 인기만큼 논란도 많습니다. 야생동물의 발톱을 상상의 근원으로 본다면 손끝을 사용해야 하는데 위치 전환을 통해 주먹 끝으로 공격하는 것이죠. 저는 이를 통해 액션에 더 묵직한 느낌을 추가한 것으로 봅니다. 중국 김용의 무협 소설에 강철 같은 손가락으로 할퀴듯 공격하는 구음백골조(九陰白骨爪)가 있는데 인간이 야생동물의 공격방식을 모방한다면 역시 이로 무는 것보다 손으로 공격하는 것이 다양한 방식을 보여줄 수 있으니 손에 다양한 장치를 하는 것 같습니다. 현실에서 손톱은 보통 공격보다는 아름다움을 위해 길러왔습니다. 손톱이 길다는 것은 어떤 형태의 육체노동도

---

12) 이노미(2009:170)

할 필요가 없다는 것을 보이기 때문에 고대 중국에서는 귀족들이 손톱을 기르고 황금으로 칠했습니다.[13)]

영화 〈황후화〉

3. 털

머리카락과 손톱은 개개인의 건강 상태를 드러내기 때문에 수천 년 동안 사람들은 여기에 생명력이 스며들어 있다고 믿었습니다. 아마 머리카락이나 손톱은 자라는 과정이 눈에 잘 보이는 신체 부위라서 생명력을 상징하게 된 것 같아요. 그래서 이와 관련된 다양한 이야기가 존재합니다. 유럽 농촌 지대의 부모들은 지금도 자녀가 장수하기를 바란다면 그들의 머리카락을 보관하지 말라는 경고를 하는데, 잡귀들이 그 머리카락을 찾아내어 그 주인에게 주술을 걸 수 있기 때문입니다.[14)] 우리나라도 쥐가 손톱을 먹고 사람 행세를 한다는 이야기가 있습니다. 머리카락은 문화 배경을 통해

---

13) 데즈먼드 모리스(1985:199)
14) 데즈먼드 모리스(1985:43)

성별에 따라 다른 의미를 함축합니다. 남성에게는 삼손 이야기처럼 보통 육체적 힘의 상징이 되지만, 여성의 풀어헤친 머리는 선정적이라는 이유로 얌전히 정돈해야 했습니다.[15] 그래서 청교도들은 긴 머리카락의 관능적인 매력을 혐오했으므로 머리카락을 모자나 다른 형태의 두건으로 숨기게 하거나 머리카락을 틀어 올려 최소한 작게 뭉치게 했습니다.[16]

이런 경향은 영화 <미녀와 야수>에서 남녀 주인공이 털에서 상반된 느낌을 주는 것에 잘 반영되어 있습니다. 남성들이 몸 전체로 볼 때 여자들보다 털이 더 많이 나기 때문에 털은 남성성을 상징하고,[17] 또 남성보다 짐승에게 더 많이 나기 때문에 야생성을 상징하기도 합니다. 영화 <몬스터 주식회사>의 파란 괴물 설리나 여러 영화에 나오는 설인 예티를 보면 이해가

15) 베아트리스 퐁타넬(2001:89)
16) 데즈먼드 모리스(1985:39)
17) 루돌프 센다(2002:80)

되실 겁니다. 인간은 다른 동물과 비교했을 때 대부분의 털이 사라졌지만 그래도 추위나 공포에 대한 반응으로 닭살이 생기며 털이 서는 모발기립증은 아직 남아 있습니다.[18] 그래서 고양이처럼 털을 세우지는 않아도 털이 서므로 "모골송연(毛骨悚然)"이나 "털이 곤두서다."라는 말을 합니다.

보디랭귀지는 여성들이 자주 하는 행동인 '머리카락 만지기'를 두 가지로 분류합니다.[19] 일단 머리카락 만지기(돌리기, 비틀기, 쓰다듬기)는 마음을 진정시키는 행동인데 머리카락을 만질 때 손바닥이 머리 쪽을 향한다면 정말 진정하기 위한 행동일 가능성이 높고, 여성이 손바닥을 밖으로 하고 머리카락을 만진다면 자신이 편안한 상태에 있음을 공개적으로 드러내는 행동으로 관심 있는 사람과 대화를 나누고 있을 때 취하는 행동이라 합니다. 그래서 드라마나 영화

18) 조 내버로(2018:198)
19) 조 내비로(2018)

에서 머리카락은 상대를 유혹하는 신체 부위로 자주 나옵니다. 그럼 풍성하고 긴 머리카락이 유혹에 더 도움이 될까요? 아무튼 머리 손질을 어떻게 했을지 궁금한 '라푼젤'은 그 긴 머리를 풀어서 연인이 탑에 오르게 합니다. 머리털이 밧줄과 형태 유사성에 기능 유사성까지 있네요. 라푼젤이 단발머리였으면 어땠을까요?

털이 가장 집중된 머리는 다양한 연출이 가능합니다. 로버트 로위(Robert Lowie)[20]는 경쟁적으로 높이 올린 머리를 자랑하던 시절을 다음과 같이 묘사합니다.

> "마리 앙투아네트는 머리 위의 새 깃털을 더 높이는 바람에 가발을 쓴 채 마차 문을 통과할 수 없었다. 춤을 출 때는 혹시라도 천장에 매달린 등에 머리를 부딪치지 않을까 걱정해야 했다."

지나친 것 같지만 헤어스타일은 자유니 할 말이 없네요. 드라마 <오늘부터 우리는>의 주인공도 개성을 매우 중시하기 때문에 마리 앙투아네트에 견줄만한 높이를 보여줍니다.

---

20) 샤오춘레이(2002:39)

드라마 〈오늘부터 우리는〉

드라마 〈연희공략〉

하지만 자유가 항상 허용되는 것은 아닙니다. 오른쪽 사진에 있는 청나라의 변발과 일제 강점기의 단발령이 그랬고, 오늘날에도 한국의 군인이나 수감자는 머리를 짧게 잘라야 하니까요. 내 신체의 존재 양식을 남이 정한다면 스트레스가 클 수밖에 없습니다. 하버드 비즈니스 스쿨에서 몸짓과 호르몬에 대해 진행한 실험을 보면 몸짓은 우리의 감정뿐만 아니라 호르몬 수치도 변화시킵니다.[21] 이 외에도 많은 실험에 따르면 몸이 감정과

---

21) 이상은(2018)

긴밀하게 연결되어 있어서 감정에 따라 행동이나 패션이 바뀌기도 하고 반대로 운동이나 머리 모양 등이 내 감정을 바꾸기도 합니다. 출가한 스님이나 최근 연인과 헤어진 사람들을 보면 그런 것 같습니다. 보통 생각이 크게 바뀌거나 결심을 할 때 머리 모양을 바꾸거나 머리를 짧게 깎는데, 이는 머리의 변화를 통해 과거를 끊어내려는 의지의 표현입니다.[22] 머리카락의 길이가 시간의 길이와 동기화된 거죠. 쉽게 말해 잘라낸 머리카락의 길이는 잊으려는 과거 시간의 길이를 뜻하게 됩니다. 삭발이 다른 문화 배경을 가진 경우도 있습니다. 유럽에서 신나치주의와 결합한 백인우월주의적인 극우 스킨헤드 집단이 사회문제가 되고 있는데 영화나 만화에서 그들과 유사한 모습으로 캐릭터의 폭력성이 강조되기도 합니다.

지금까지 살펴본 내용을 한 장면에 담은 그림이 아래에 있습니다. 애니메이션 <진격의 거인>에 나오는 거인들을 보면 각기 피부, 근육 또는 털 등을 환유적으로 강조하며 캐릭터의 개성을 구축하고 있습니다. 각 캐릭터가 주는 느낌들에 대해 잠깐 생각해보셔도 좋을

22) 자현(2012:230)

것 같습니다.

애니메이션 〈진격의 거인〉

5장

머리와 몸통

머리와 몸통

1. 머리/목

애니메이션 〈센과 치히로의 행방불명〉

애니메이션 <센과 치히로의 행방불명>을 보면 마녀 유바바가 키우는 돌머리 삼총사가 나옵니다. 머리만 존재하니 통통 튀어다니며 이동하죠. 이 아이디어가 어디에서 왔을까요? 일본의 달마(다루마/だるま)에서 왔거나 에도 시대 기담집 하쿠모노가타리(繪本百物語)의 마이쿠비(舞首)[1]에서 온 것은 아닌가 싶습니다. 기담집 내용을 간단히 보면, 이

하쿠모노가타리(繪本百物語)-마이쿠비(舞首)

1) 사진출처: 일본 위키피디아

전 가마쿠라 시대 세 명의 무사가 있었는데 마을 축제가 있던 날 취기가 올라서 말싸움을 하다가 결국 칼을 뽑아 서로를 베었고, 세 사람이 머리만 남아서도 싸운다는 내용입니다. <표준국어대사전>에 나온 '머리'의 의미는 다음과 같습니다.

> 사람이나 동물의 목 위의 부분. 눈, 코, 입 따위가 있는 얼굴을 포함하며 머리털이 있는 부분을 이른다. 뇌와 중추 신경 따위가 들어 있다.

신체 모든 부위가 다 소중하지만 그래도 작은 머리 하나에 감각에 필요한 것들이 몰려있네요. 그러니 전투에서 머리를 베어야 상대를 확실하게 제압할 수 있습니다. 아니 정확히 말하면 목을 베는 것이겠네요. 그래서 "목에 칼이 들어와도"나 "목이 붙어 있다."라는 표현이 있습니다.

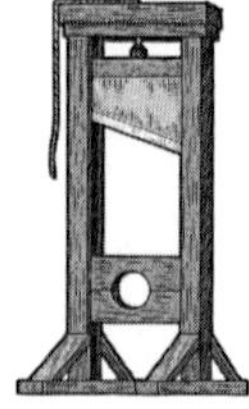

기요틴

용작두, 호작두, 개작두

형벌에서 목과 관련된 사형의 방식으로 목을 옭아 죽이는 교수형(絞首刑)과 목을 베는 참수형(斬首刑)이 있습니다. 참수는 서구에서 18세기 말까지 수천 관중들이 모인 가운데 거행된 공개적인 의식으로 부분적으로 민속축제와 같은 것이었고, 그런 처형은 간단하지 않아서 사형집행인이 가련한 죄인을 한칼에 죽이면 다행이었습니다.[2] 그래도 죽기 직전까지 고문을 당하거나 화형이나 사지를 찢어 죽이는 거열형 등이 난무하는 상황에서 목을 베는 것은 그나마 가벼운 형이었다고 하네요. 프랑스의 전통적인 참수 방법에는 등급이 있어서 귀족에게는 양날의 칼을 평민에게는 도끼를 사용했다고 합니다.[3] 드라마 <포청천>에서도 황족, 관리 및 평민이 각각 용작두, 호작두와 개작두[4]로 처형되는데 죽는 순간에도 차별이 존재한다는 점이 씁쓸합니다. 그래서 파리대학 의학부 교수였던 기요틴 박사는 1789년 삼부회에서 "처형은 누구에게나 같은 방법으로, 쓸데없는 고통을 주는 일이 없이 행해져야 한다."며 인도적인 처형을 위해 기계를 이용하자는 논문을 제출했고, 해당 법

---

2) 루돌프 센다(2002:94)
3) 샤오춘레이(2002:28)
4) 사진출처: 바이두 이미지(百度图片)

률이 통과되면서 기요틴이 탄생합니다.[5] 평등하게 죽기까지 그 과정이 평탄치 않습니다. 만화 컷에 관련된 교재에서는 목을 자르는 숏을 가급적 사용하지 말라고 합니다. 왜냐하면 어깨를 조금이라도 보여주는 것이 신체의 암시를 억제하지 않기 때문입니다. 특히 캐릭터의 안정감을 위해서는 무릎을 자르지 말고 무릎의 위나 아래를 자르라고 합니다.[6] 우리가 인스타그램이나 페이스북에 올라온 사진에서 관절이 잘린 컷에 불편함을 느끼는 것을 보면 이런 장면이 우리에게 상상하게 하는 것이 있나 봅니다.

'머리'는 언어에 다양한 방식으로 표현됩니다. 우선 환유를 사용해서 "머리가 크다/비다/굳다/맞대다."처럼 머리로 그 기능(생각)을 나타내는 표현이 많습니다. 아직 비유 표현이 낯선 분들을 위해 팁을 드리자면 1차적 의미(문자적 의미) 그대로 해석했을 때 내가 말하고자 하는 바가 전달이 안 되면 비유적(은유적 또는 환유적) 표현이 맞습니다. 위의 예문들이 실제로 머리가 크거나, 머릿속이 비었거나, 머리가 굳어 있거나, 머리를

5) 네이버 지식백과
6) 박연조(2021:71)

정말로 맞댄 경우라면 비유적으로 사용된 게 아니죠. 머리에 대한 은유적 표현들을 보면 보통 한 나라의 정부가 있는 곳을 머리(首)를 통해 수도(首都)라고 하거나, 우두머리나 중요한 위치에 있는 사람들을 수장(首長), 원수(元首) 및 수뇌(首腦) 등 머리로 표현하고 있습니다. 신체에서 머리의 중요성이 은유적 표현에 그대로 반영되어 있습니다. 사회를 신체로 보고 지도자가 머리가 되었다면 나머지 사람들은 신체의 어느 부분이 되는지 궁금합니다.

목의 사전적 의미는 다음과 같습니다.

머리와 몸통을 이어주는 잘록한 부분이다.

은유적 확장으로 병의 잘록한 부분은 '병목'이 되고, 도로의 폭이 병목처럼 갑자기 좁아진 곳에서 일어나는 교통정체현상을 '병목현상'이라 합니다. 목은 또 '손목'과 '발목'처럼 우리 신체에서 잘록한 부분이나 무언가를 이어주는 위치에 있는 신체 부위에 사용되기도 합니다. 온라인 쇼핑몰을 보니 장화와 장갑에서 목인 긴 특징을 강조하는 상품들이 있던데

병목

목인 긴 장화

이 부분들은 어떻게 목이 된 것인지 궁금합니다. 형태적으로 잘록하기 때문일까요? 아니면 기능적으로 우리의 손과 발을 사물에 이어주기 때문일까요?

목은 머리와 몸통을 이어주는 중요한 부분이지만 잘록하고 약합니다. 그래서 사자도 뱀파이어도 자객도 모두 목을 노리죠. 이런 잘록하고 약한 목을 고개를 비스듬하게 기울여 노출하는 행동은 상대에 대한 신뢰를 나타내고 호감을 얻는 보디랭귀지입니다. 반대로 경직된 목은 과도한 예민함과 경계심을 나타내고요.[7] 상대방에게 호감을 사는 또 다른 행동으로 고개를 끄덕이는 것이 있습니다. 이야기를 듣는 사람이 일정한 간격으로 고개를 3번씩 끄덕이면 말을 하는 사람이 평소보다 3~4배 더 많은 말을 쏟아낸다는 연구 결과도 있습니다.[8] 끄덕이기 동작은 보통 아기들이 젖꼭지를 빨아들이는 행동의 일부로 봅니다. 아기들이 젖을 거부할 때는 머리를 모로 또는 위로 제치는 동작을 하게 되는데,

7) 조 내버로(2018:174)
8) 이상은(2018:97)

이 동작들이 성년기로 이어져서 부정적 머리 신호들은 위나 옆으로의 동작을 포함하게 되고요.9) 그래서 긍정과 부정을 나타내는 "고개를 끄덕이다/돌리다/젓다."라는 동작과 언어표현이 있습니다.

2. 몸통

험프티 덤프티

고전주의 미술이 조각에 빚어낸 아름다움이 8등신으로 표현되고, 지금도 매일 어떤 연예인이 몇 등신인지에 대한 기사가 쏟아져 나옵니다. 반대로 아기처럼 2등신이나 3등신 등 상징적인 비율로 귀여움을 강조하는 캐릭터도 계속해서 탄생 중이고요. 동화 <거울 나라의 앨리스>에 나오는 험프티 덤프티는 얼굴이 어디부터 어디까지인지 모르겠는데 1등신이라고 해야 할까요? 육체의 세 가지 주요 부분, 즉 머리, 가슴, 배가 연결부위 없이 둥글게 뭉쳐져 있어서 달걀처럼 보입니다.10)

9) 데즈먼드 모리스(1985:151)
10) 루돌프 셴다(2002:294)

다루마

물론 일본의 달마(다루마/だるま)도 비슷하지만 최소한 얼굴에 경계선을 그려서 2등신이 되었습니다. 달마는 본래 왕자 출신으로 외모가 아주 준수했는데 중국으로 불교를 전하러 오던 중 광둥성 쪽에서 거대한 뱀의 사체가 썩어가는 것을 봅니다. 사람들에게 피해를 줄 것 같아 유체이탈을 해서 죽은 뱀 안으로 들어가 뱀의 사체를 멀리 옮기는데 이때 그 지역 산신이 영혼이 빠져나간 달마의 육신으로 들어옵니다. 그래서 본래 몸이 아니라 산신의 몸을 취하게 되었다네요.[11] 이렇게 육체와 영혼을 나누는 생각은 인류의 보편적 생각인 것 같습니다. 이런 생각을 구체화한 것에 중국 도교의 시해(尸解)라는 수법이 있는데 이것은 육신을 버리고 혼백만 빠져나가 혼백이 신선이 되는 방법입니다.[12] 새로운 몸에 불만이 없었을 불교 선종의 시조 달마는 현대 일본에서 자신의 좌선 모습을 본뜬 것에 붉은색 법의를 입힌 오뚝이가 됩니다. 이 외에 우리 주변에서 자주 볼 수 있는 2등신의

11) 자현(2012:112)
12) 곽재식(2018:295)

눈사람이 있는데 서양에서는 영화 <겨울왕국>의 올라프처럼 눈사람을 일반적으로 3등신으로 표현합니다. 추상적 표현에 익숙한 동양의 사유방식과 차이가 있습니다.

올라프

유원지에서 타는 '오리배'. 막상 가면 고래 모양의 배가 기다리고 있을 수도 있지만 오리가 먼저 이름을 얻어서 어쩔 수 없습니다. 그런데 오리배와 다르게 고래배에 타면 내가 잡아먹혀서 배에 들어간 느낌이 있습니다. 입의 크기 때문일까요? 아니면 우리가 알고 있는 고래와 관련된 이야기들의 영향일까요? 이런 고래배도 몇 등신인지 구분하기 어렵습니다. 목이 있었다면 구분이 편했을 텐데요. 재밌는 점은 교통수단을 표현하는 동물들은 보통 사족 보행을 하거나 몸통이 수평으로 긴 모양을 하고 있는 것입니다.

오리배

고래배

애니메이션 〈이웃집 토토로〉

영화 〈카〉

고양이처럼 몸통이 길게 늘어지는 동물이라면 애니메이션 <이웃집 토토로>의 고양이 버스 같은 캐릭터를 만들기 좋습니다. 영화 <카>의 주인공도 몸통의 생김새나 다리(?)가 네 개인 것이 확실히 사족보행 동물과 더 닮았습니다. 직립보행을 하는 원숭이나 사람으로 버스나 자동차를 꾸미면 어떻게 될까요? 저는 켄타우로스처럼 변형하는 방식 외에는 생각하기 어렵네요. 아퀴나스는 식물은 입이라 할 수 있는 뿌리가 땅

속 깊숙이 들어가 있고, 팔다리에 해당하는 부분이 위를 향해 있다고 합니다. 인간을 제외한 동물은 인간과 식물의 중간 상태로 머리와 배설기관이 평행을 이루고요.[13] 먹고 배설하는 경로를 중심으로 식물과 동물의 차이를 설명하는 점이 흥미롭습니다. 먹은 것이 식물은 아래에서 위로 가고, 동물은 앞에서 뒤로 가고, 인간은 위에서 아래로 가는군요. 아퀴나스의 설명을 듣고 나니 교통수단을 인간이 아니라 사족보행 동물을 이용해 표현하는 것이 더 적합한 것 같습니다.

무엇인가가 우리를 향해 달려들면 우리는 본능적으로 팔을 들어 방어합니다. 팔을 위험에 내놓는 것은 더 중요한 것을 방어하기 위해서입니다. 마치 도마뱀이 주저 없이 꼬리를 버리고 도망치는 것처럼 말이죠.[14] 몸통의 사전적 의미는 다음과 같습니다.

> 사람이나 동물의 몸에서 머리, 팔, 다리, 날개, 꼬리 등 딸린 것들을 제외한 가슴과 배 부분이다.

---

13) 샤오춘레이(2002:21)
14) 샤오춘레이(2002:271)

몸통 안에는 오장육부가 있어서 머리만큼 방어가 중요한 신체 부위입니다. 그래서 복싱이나 격투기에서도 팔이나 다리보다는 머리나 몸통을 효과적으로 공격하는 법이 발달합니다. 몸의 앞면은 몸에서 가장 취약한 부분이기 때문에 우리의 뇌는 상처를 주거나 괴롭히는 것으로부터 몸의 앞쪽을 보호하려 합니다. 그래서 파티에서 싫어하는 사람이 다가오면 무의식적으로 약간 옆으로 돌아서게 되는데 이를 '복부 부정(닫힌 자세)'이라고 합니다. 연인 사이에 복부 부정이 늘어나면 관계에 문제가 있다고 하네요. 그래서 부부의 멀어진 관계는 영화나 드라마에서 보통 침대에서 서로 등을 돌린 자세로 표현되기도 합니다.

팔짱을 끼는 것도 복부를 회피하는 것만큼 대표적인 닫힌 자세입니다. 몸 앞에서 교차한 팔은 몸통을 보호하는 자세라 스스로 편안함을 느끼겠지만, 방어적인 자세라는 점에도 주의해야 합니다.[15] 간혹 불편한 감정 때문에 팔짱을 끼기도 하지만 반대로 팔짱을 끼기 때문에 부정적 감정이 생기기도 하니까요. 실험에 따르면 팔짱을 끼고 강연을 들은 집단은 그렇지 않은 집단보다

15) 조 내버로 · 마빈 칼린스(2008:211,219)

강연 내용에 대한 기억이 38퍼센트나 떨어지는 것으로 나타났고, 강연 내용과 강사에 대해 부정적인 의견이 훨씬 더 많았다고 합니다.[16] 이제 수업시간에 제자들이 팔짱을 끼고 있으면 볼펜을 빌리거나 하이파이브를 하거나 해서 '닫힌 자세'를 '열린 자세'로 바꿔줘야겠습니다. 제자와 저 모두를 위해서요. 열린 자세와 닫힌 자세는 옷이나 소지품으로 취할 수도 있습니다. 남성은 자기가 그 장소를 편안하게 느끼면 외투 단추를 푼다고 알려져 있고,[17] 여성은 혼자 앉아 있을 때 안정감을 느끼기 위해 가방이나 쿠션 등을 끌어안기도 합니다. 보통 닫힌 자세는 시간이 흐르면서 그 장소가 편해지면 열린 자세로 바뀌게 됩니다. 그래서 학기 초 여학생들이 낯선 교실에 들어올 때 가슴팍에 노트를 안고 들어오다가 시간이 흘러 점점 편안함을 느끼면 노트가 옆구리로 내려간다고 합니다. 재밌는 것은 시험 기간에는 여학생에게 많이 보이던 가슴을 보호하는 닫힌 자세가 남학생에게서도 증가한다는 점입니다.[18]

16) 앨런 피즈·바바라 피즈(2004:95)
17) 캐럴 킨제이 고먼(2010:42)
18) 조 내버로·마빈 칼린스(2008:216)

헐크

드라마 〈미생〉

분노한 헐크는 시험 기간의 학생들과 다르게 몸통을 보호할 마음이 없어 보입니다. 우리에게 마른 체형의 헐크는 상상이 되지 않습니다. 커진 몸만큼 아니 커진 근육만큼 힘이 더 강해지니 그렇습니다. 그래서 동물들은 싸움이나 구애를 위해 몸집을 커 보이게 하려고 노력합니다. 새들은 깃털을 부풀리고, 물고기는 물을 빨아들여 몸을 부풀리며, 개나 고양이는 털을 바짝 세웁니다.[19] 그리고 인간은 몸이 더 커 보이는 자세를 취하고요. 허리에 양손을 얹거나, 양손으로 뒤통수를 받치는 동작들이 그렇죠. 그래서 영화 <헐크>에서 헐크는 이미 몸이 충분히 커졌음에도 팔을 벌려서 몸을 더 크게 만들고, 드라마 <미생>에서 과장은 양손을 허리

19) 앨런 피즈·바바라 피즈(2004:234)

에 얹어 몸을 크게 만들었지만, 신입직원은 몸 앞으로 양손을 공손하게 모아서 몸을 최대한 작게 만들고 있습니다. 두 사람 간 관계를 잘 보여주는 것 같습니다.

3. 가슴, 배와 등

히어로들은 하나같이 가슴을 펴고 있습니다. 위에서 봤지만 이렇게 열린 자세는 내 몸을 보호할 수 있는 자세가 아닙니다. 그래서 자신감이나 당당함을 나타냅니다. 히어로들은 보통 그 모습을 극적으로 드러냅니다. 언어 세계에서도 "가슴을 펴다."는 굽힐 것 없이 당당함을 나타내는 데 사용됩니다. 이 외에 "가슴에 손을 얹다."는 양심에 근거함을 의미하고, "가슴을 찢다."는 슬픔이나 분함에 고통 받는 것을 의미하는데 이때는 가슴이 가슴 안의 심장을 환유적으로 대신 표현한 것입니다. 일반적으로 눈에 보이지 않는 것은 눈에 보이는 것을 통해 표현되니까요.

이제 배를 볼까요. 배에 관련된 언어표현에 남이 잘되어 심술이 나는 것을 "배가 아프다."고 하는데 아마 스트레스에 의한 심인성 신체 증상으로 보입니다.

너무 웃으면 턱이 아프거나 배가 아플 정도로 웃게 되고 이때 배를 잡는 모습 때문에 "배꼽을 잡다."라는 표현이 있는데 심해지면 배꼽이 빠지게 됩니다. 농담입니다. 기둥에도 배가 있습니다. 중간 정도가 가장 직경이 크고 위와 아래로 갈수록 직경을 점차 줄여 곡선의 체감을 갖는 아름다운 배흘림기둥이 그렇죠. 배흘림기둥[20]과 다르게 사람이 일상생활에서 배를 드러내는 것은 예의에 어긋나는 행동입니다. 그러나 불교의 미륵불이나 도교의 신선들은 종종 이런 일상의 예절을 무시하는 자유인의 모습으로 등장합니다.[21] 불교의 포대화상은 풍만한 살집과 편안하게 흐트러진 자세 그리고 특유의 너그러운 웃음과 툭 튀어나온

배흘림기둥

포대화상

20) 사진출처: 네이버 지식백과
21) 샤오춘레이(2002:234)

배로 중국인들에게 인기가 많습니다. 포대를 짊어지고 지팡이를 짚고 다니면서 여러 가지를 구걸해 포대에 넣었다가 어려운 이들이나 어린이들을 보면 포대에서 물건을 꺼내 도와주었다고 합니다.[22] 복부 개방(열린 자세)의 가장 극적인 모습인 것 같습니다.

마케도니아 사람들은 시체가 썩으면 그 등뼈가 뱀이 된다고 믿었습니다. 중세에는 척추의 정수가 비범한 혜택을 준다고 믿었으며, 등뼈를 보통 이상으로 가지고 있는 사람은 누구나 행운이 가득하다고 생각했죠. 이런 이유로 곱사등이의 혹을 만지면 행운이 온다고 믿었습니다.[23] 백호, 보석 등 세상에서 소수에 속하는 것은 모두 사람들에게 귀하게 여겨지는데 사회적 소수에 속하는 노트르담의 꼽추 콰지모도는 그렇지 않았던 것 같습니다. 대면모형에 익숙한 우리에게 등(背)은 가려진 곳을 상징합니다. 뒤쪽의 경치를 의미하는 배경(背景)이

22) 자현(2012:168)
23) 데즈먼드 모리스(1985:222)

그렇고 어떤 일의 드러나지 않은 부분을 의미하는 배후(背後)가 그렇습니다. 사람처럼 사물에도 등이 있습니다. 예를 들어, 칼에는 사물을 자르는 칼날이 있고 그 반대편에 칼'등'이 있죠. 대상과 마주하며 활동에 참여하는 부분이 날이 되고, 그 반대에 있는 것은 등이 됩니다. 이 둘은 동전의 양면과 같아서 등이 없으면 날도 없습니다. 얇은 칼날은 두꺼운 칼등의 힘을 받아야만 제대로 기능을 한다는 점을 생각해 봐야 합니다. 내가 스스로 내 등과 접촉하기 쉽지 않지만 다른 사람들이 내 등과 접촉하는 데 여러 가지 방법이 있습니다. 그중 가장 일반적인 것은 토닥거리기입니다. 이는 세계적으로 위로나 축하 등의 의미가 됩니다. 왜냐하면 어린 시절 어머니가 우리를 팔로 감싸 안았을 때 등에 닿았던 부드러운 손의 감촉은 보살핌과 사랑의 신호라서 안정감을 느끼기 때문입니다.[24] 당장 옆에 있는 사람을 한 번 토닥여 보세요.

---

24) 데즈먼드 모리스(1985:225)

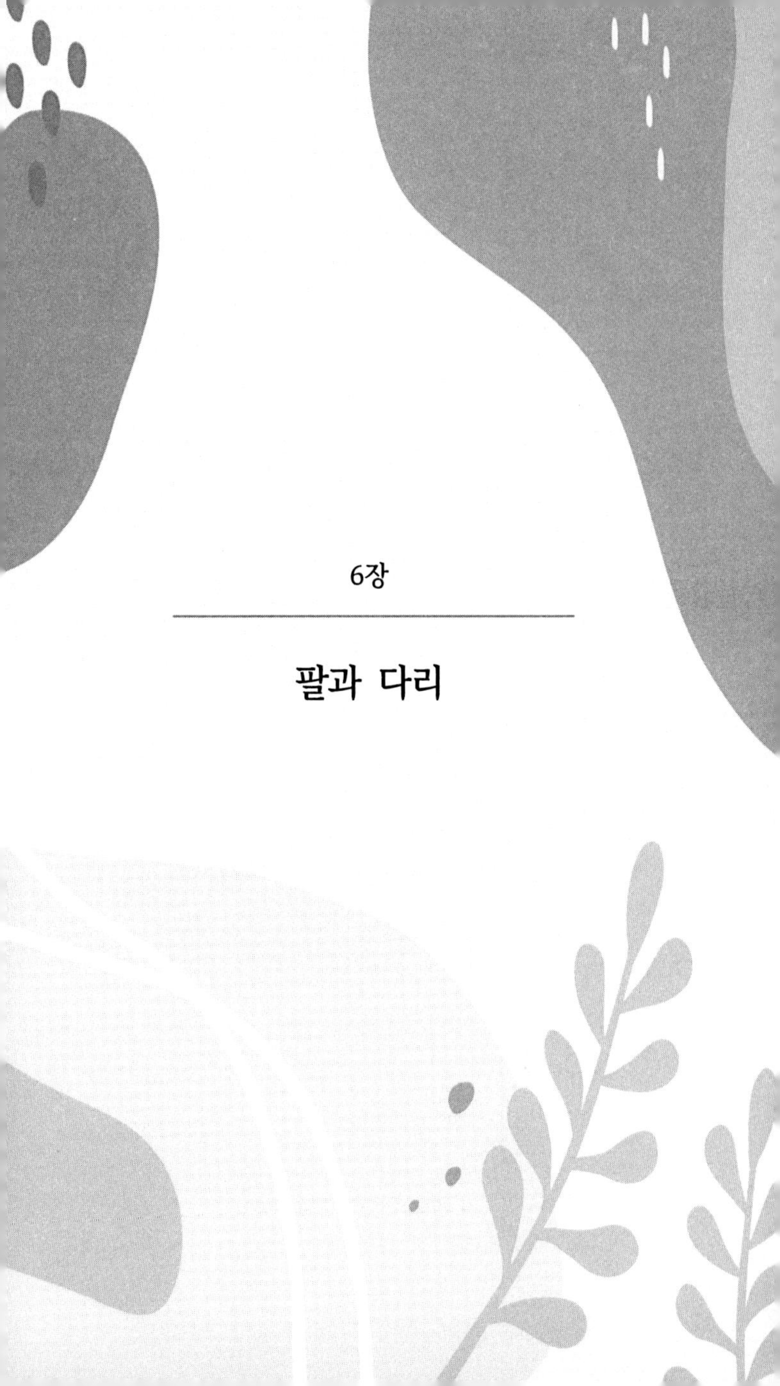

6장

팔과 다리

팔과 다리

1. 팔

우리는 위협과 마주쳤을 때 주의를 끌지 않기 위해 덜 움직이거나 정지합니다.[1] 이는 포식자에게 들키지 않으려고 진화한 반응입니다.[2] 그래서 공포영화의 '숨죽이는' 장면들에서 대개 숨과 함께 동작도 멈춥니다. 반대로 흥분했을 때는 팔의 움직임이 보다 강렬해지는데, 이럴 때 인간은 선천적으로 중력에 맞서 팔을 머리 위로 높이 올리는 경향이 있습니다. 마치 게임에서 승리를 거둔 사람이 손을 하늘 높이 올리거나, 스포츠 경기에서 심판이 이긴 사람의 손을 들어 올리는 상징적 행

1) 조 내버로·마빈 칼린스(2008:162)
2) 조 내버로(2018:284)

복싱우승

위들이 그렇습니다. 똑바로 서거나 팔다리가 위로 향하는 자세는 긍정적인 정서 상태를 동반하지만 수그러진 자세나 누워있는 자세는 슬픔을 동반하거나 질병 또는 죽음과 관련이 있습니다. 이런 삶의 체험들이 우리에게 [행복/건강은 위]와 [슬픔/아픔은 아래]라는 지향적 은유를 만듭니다.[3] 그래서 기분이나 건강이 좋고 나쁜 것을 up과 down으로 표현하거나 붕 뜨거나 처지거나 쓰러졌다는 식으로 말하게 되죠. 동료에게 그가 저지른 실수에 대해 말해보세요. 그의 어깨와 팔이 축 늘어지면서 의기소침해질 겁니다. 부정적 정서는 사람들을 정신적으로 육체적으로 가라앉게 하니까요.[4]

복싱에서 치켜든 주먹은 '목적 운동(intention movement)'입니다. 당사자가 그 위협을 통해 다음에 무엇을 하겠다고 알리는 행동이죠. 치켜든 주먹을 뻗어서 때리

3) 조지 레이코프 · 마크 존슨(1980[2003]:38)
4) 조 내버로 · 마빈 칼린스(2008:116)

는 행동은 인간이 사용한 가장 오래된 공격 형태입니다. 헐리우드로 진출해 영화 <이터널스>에서도 보여준 마동석 배우의 시그니처 'K–따귀'도 준비 자세와 실행 동작으로 나누어지는데 인과환유를 통해 준비 자세를 보여주면 우리는 자연스럽게 다음 일을 예상합니다. 책을 펴면 공부를 하고, 신발을 신으면 외출을 하는 것처럼 연속된 동작들이 반복되면서 하나의 프레임을 만들어서 그렇습니다. 치켜든 주먹과 다르게 '손들어 자세'는 항복의 신호이며, 대개 극한 상황에서 마지막으로 자비를 청원하는 행동입니다.[5] 이 자세를 취하면 손에 아무것도 들지 않고 있다는 것도 보여줄 수 있고 이 동작에서 이어지는 동작도 위협이 되지 않으니까요. 이 자세는 힘이 들어서 종종 벌칙 자세로 쓰이기도 합니다. 결국 어떤 행위이던 보통 의도를 파악할 수 있는 준비 자세들이 있습니다. 물론 언어의 침묵처럼

영화 〈범죄도시〉

5) 데즈먼드 모리스(2019:146,198)

아무 행동도 안 할 수 있는데 우리는 그런 상태를 "뒷짐만 지고 있다."거나 "팔짱을 끼고 있다."고 말하기도 합니다. 팔을 뒤나 앞으로 묶어두는 동작들은 무엇을 준비하는 자세가 아니니까요. 반대로 참여할 의사가 있다면 팔을 걷어붙이겠죠. 팔을 걷어붙이는 동작도 다음을 예상하게 합니다.

인간의 손이 이렇게 조작적일 수 있는 이유는 직립보행으로 손이 이동의 노역에서 해방되었기 때문입니다. 그중에서도 '힘 있게 잡기'와 '정확하게 잡기'라는 두 가지 조작방식이 생존에 큰 도움이 되었습니다. '힘 있게 잡기'는 엄지손가락을 다른 손가락 전체와 맞서게 하여 얻어지고, '정확하게 잡기'는 손가락 끝만을 맞세워 얻어집니다. 힘 있게 잡기는 사냥과 관련이 있었고, 정확하게 잡기는 식량 채집과 관련이 있었다고 합니다.[6] 그 일이 무엇이건 일은 결국 손에서 시작합니다. 그래서 우리는 일을 시작할 때 손을 댄다는 착수(着手)라는 표현을 사용하거나, 일을 그만둘 때 "손을 떼다/빼다/씻다."등의 표현을 사용합니다. 나쁜 짓을 그만둔 것을 중국에서도 "洗手不干(손을 씻고 그만하다)"라고 하는데

6) 데즈먼드 모리스(1985:181)

일본은 손이 아니라 발을 통해 “足を洗う(발을 씻다)”로 표현합니다. 일본어 표현은 불교에서 탁발 후 돌아온 승려들이 속세에서 발에 묻은 때를 씻어내는 의식에서 온 것으로 문화적 색채가 담겨 있습니다.

웹툰 〈악마주식회사〉

아기들은 무언가를 손에 쥐고서 관찰하며 맛보고 이동시키고 던지며 노는 체험을 합니다. 우선 손으로 잡으면 대상을 이해하고 통제할 수 있게 되는 거죠. 이런 체험 때문에 대상에 대한 본질을 이해하는 것에 손으로 잡아 쥔다는 뜻의 파악(把握)이란 단어를 쓰고, 내가 마음대로 통제할 수 있다면 장악(掌握)했다고 합니다. 반대로 손이 묶여 아무것도 할 수 없다는 뜻의 속수무책(束手無策)은 웹툰 <악마주식회사> 컨셉 아트[7] 속 고독지옥에 잘 드러나 있습니다. 그림은 자신의 다양한 주변 조건들에 매여 일을 제대로 할 수 없는 캐릭터의 상황을 손발이 묶인 것으로 표현했습니다. 일반적으로 관용어는 은유에 기반해서 A라는 표현으로 B라는 숨겨진 의미를 드러내는데, 이미지도 숨겨진 의미(B)가 아니라 문자적으로 표현된 부분(A)을 그려서 생동감을 얻고 독자가 생각할 공간을 마련합니다. 손을 통한 통제가 반드시 외부로만 향하는 것은 아닙니다. 우리는 아픈 신체 부위 쪽으로 팔을 거둬들이는데 심한 복통이 일어나면 자연스레 손은 배로 가게 됩니다.[8] 그리고 조용히 하라고 할 때는 입술에 검지를 대기도 하고요. 물론 일부 지역에서는 입에 지퍼를 채우는 제스처를 하죠.[9] 미쳤냐고 할 때는 관자놀이에 검지를 대고 돌리는데 정신과 관련된 신체 부위를 손가락으로 가리키는 것입니다.[10]

---

7) 사진출처: 심규민 작가 제공
8) 조 내버로 · 마빈 칼린스(2008:117)
9) 이노미(2009:112)
10) 이노미(2009:124)

손짓으로 표현할 수 있는 것들이 정말 많아서 이야기할 것들도 많습니다. 여기서는 대표적인 몇 가지 손짓들을 통해 그 안에 담긴 중요한 규칙만 소개하도록 하겠습니다.

선서를 할 때는 손바닥을 심장이 위치한 가슴 위에 두기도 하고, 서양 법정처럼 왼손으로 성경을 들고 오른손은 펴서 손바닥을 재판관들을 향하게 하기도 합니다.[11] 상대에게 빈손을 보이거나 소중하고 신성한 것에 손이 닿아있는 것이 핵심입니다. 사람들은 진실을 말할 때 손바닥과 손목을 드러내는 열린 자세를 쓰는 경향이 있는데 이런 자세는 '나는 아무것도 숨길 게 없어'라고 말하는 느낌을 주기 때문입니다. 협상 자리에

---

11) 앨런 피즈·바바라 피즈(2004:40)

서 진실하게 대화하려는 사람은 보통 양손을 탁자 위에 올린 채 손짓을 써가며 말하지만 솔직할 생각이 없는 사람은 대개 손을 탁자 밑에 숨기거나 몸 가까이에 둡니다.[12] 손이 전달하는 정보가 많아서 본능적으로 그것을 숨기는 것이죠. 그래서 어린아이들은 거짓말을 하거나 사실을 숨길 때 손바닥을 등 뒤로 감추는 경우가 많습니다. 성인들도 숨겨야 할 것이 있을 때는 손을 호주머니에 넣거나 팔짱을 껴서 손바닥을 숨깁니다.[13]

영화 〈일대종사〉

태권도 손날 격파

손바닥을 보인다고 다 좋은 것은 아닙니다. 영화 <일대종사>의 궁이(장쯔이)가 보이는 손바닥도, 대리석을 격파하는 태권도 선수의 손날도 공격을 위해 취한

12) 캐럴 킨제이 고먼(2010:130)
13) 앨런 피즈 · 바바라 피즈(2004:41)

자세니까요. 여기서 손날은 칼날의 모양과 유사한데 실제로 대화에서 칼날처럼 쓰입니다. 토론 참여자들의 제스처를 분석한 연구 결과를 보면 수직 방향으로 세운 손바닥으로 위에서 아래 방향으로 내리치는 동작은 '분리, 제한, 부정'을 의미하는 말과 함께 사용합니다.[14) 우리는 손으로 무언가를 묘사하는 방식에 익숙한데, 죽이겠다고 위협할 때 손으로 목을 긋는 시늉을 하거나 엄지와 집게손가락을 펴서 총 모양을 만들고 쏘는 포즈를 취할 수도 있습니다.[15) 저는 칼을 쥐거나 총을 쥔 모양이 아니라 칼이나 총 모양 자체를 모방한다는 점이 흥미롭습니다. 한번 생각해보시죠. 친구에게 노트북이나 휴대폰을 가져오라고 몸짓으로 표현해보세요. 또는 커피나 술을 한잔하자는 제스처를 해보셔도 좋습니다. 아마 해당 사물을 손으로 표현한 것이 아니라 우리가 해당 사물과 상호작용하는 방식을 재현했을 겁니다. 대상에 대한 우리의 체험이 유사하므로 내가 사물과 상호작용하는 방식을 소통의 기호로 쓸 수 있습니다. 물론 노트북, 휴대폰을 다루는 방식이 지역차이나 세대차이가 있을 수 있다는 점에 주의해야 합니다.

---

14) 임혜원(2015a:123)
15) 데즈먼드 모리스(2019:164)

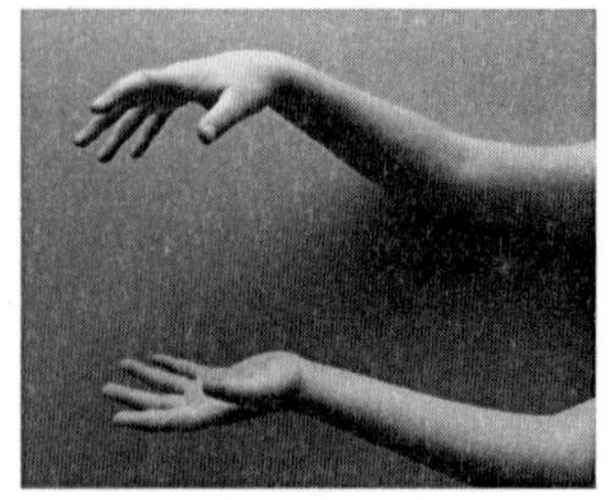

물체 사이즈 키우거나 줄이기

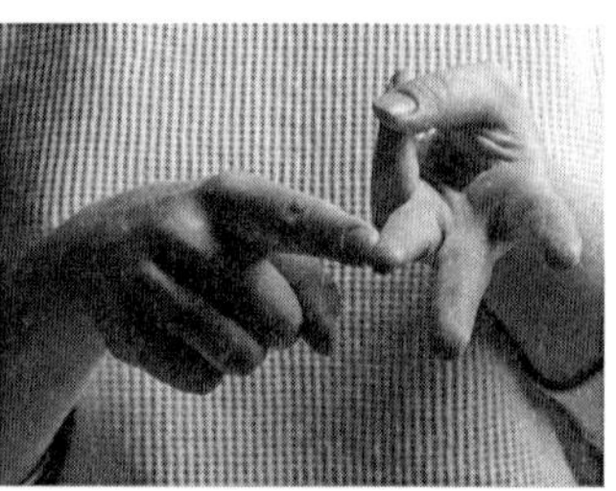

손가락으로 세기

손으로 사물을 흉내내거나 사물과 상호작용하는 모습을 보여주는 것 외에 손으로 가상의 물체를 만들 수도 있습니다. 우선 추상적인 무언가를 실재하는 개체처럼 다루기 위해 허공을 잡거나 쥐는 모양을 합니다. 그럼 가상의 물체가 만들어져서 나와 상대가 공유하면 나는 그 물체를 만지고 잡고 그것을 잡은 상태에서 흔들거나 크기를 키우거나 줄이고 해체하는 다양한 손짓을 할 수 있습니다.[16] 이 외에도 대화 중 우리는 크기를 표현할 때 양손을 이용하고, 숫자를 표현할 때 손가락을 이용하고, 양을 표현할 때 손과 손가락을 이용하는 등 손으로 다양한 세계를 그려낼 수 있습니다. 물론 그 안에는 일정한 규칙이 있습니다. 손가락을 위로 올리거

---

16) 임혜원(2015b:319)

나 내리면 증가나 감소를 나타내는 것이고 크기를 나타낼 때 양손의 간격이 넓으면 크기도 크다는 식의 규칙입니다. 또 문화적 배경을 고려해야 할 경우도 있습니다. 예를 들어 한 손이 기준점이 되고 다른 손을 움직여서 양이 늘어나고 줄어드는 것을 표현할 경우 보는 사람을 고려해 오른손을 기준 손으로 두고 왼손을 바깥쪽으로 늘리고 줄이는 방식이 좋다고 합니다. 우리는 왼쪽에서 오른쪽으로 글을 읽는 습관이 있으니 그 시선을 따르는 거죠.[17] 저는 손이라는 실재와 가상의 개체가 공존한다는 점에서 이런 손짓으로 대화하는 것도 증강현실(AR)이라 생각합니다.

'손바닥 앞으로 하기 자세'는 누구를 뒤로 밀어제치는 동작을 흉내 내고 있어 보편적인 거부 신호의 일

17) 이상은(2018:229)

종입니다.[18] '수직적 손바닥' 제스처는 무언가가 나아가는 것을 반대하는 장벽을 만드는 행위나 무언가를 밀어 버리거나 없애버리는 행위로부터 유래한 것으로 볼 수 있습니다.[19] 그래서 보통 금지의 기호로 사용됩니다. 아이언맨이 손바닥에서 빔을 쏠 때 자주 취하게 되는 자세인데 저는 이 자세를 볼 때마다 뭔가 제압이나 금지에 대한 느낌을 받습니다.

영화 〈쿵푸 허슬〉

영화 〈서유기:모험의 시작〉

이 자세로 스모선수처럼 사람을 멀리 밀어낼 수도 있고, 영화 <쿵푸 허슬>의 주인공처럼 우주적 스케일로 상대를 한 방에 제압할 수도 있습니다. 이 장법의 이름은 여래신장(如來神掌)인데, 이것과 라이벌 격인 무공

18) 데즈먼드 모리스(1985:179,186)
19) 아담 켄든(2004:328)

으로 영화 <서유기:모험의 시작>에서 한 노인이 사용하는 천잔각(天殘脚)이 있습니다. 손과 발이라는 대조를 이용했다는 점이 단순하면서 확실한 대비를 이루니 효과적입니다. 제가 주목하는 것은 여래신장이 한 손을 사용하듯이 천잔각도 한 발만 커지면서 공격을 한다는 점입니다. 마치 그리스 역사학자 크테시아스가 말한 외발 종족 스키아푸스를 보는 것 같습니다. 이 종족은 다리가 하나밖에 없지만 놀랄 만한 점프력을 지니고 있다고 합니다.[20] 이 점은 다리가 하나지만 한 번에 지붕에 올라갈 만큼 뛰는 힘이 좋다는 한국의 괴물 독각(獨脚)과도 비슷합니다.[21] 보통 형태가 커지거나 많아져야 그 기능도 증가하는데 반해 다리의 수가 줄었는데 더 뛰어난 능력을 지닌다는 설정이 독특합니다.

앨런 피즈와 바바라 피즈(2004:44)는 손바닥을 이용한 지시 동작을 세 가지 유형으로 분류하고 있습니다. '손바닥을 위로 향한 자세',

20) 류싱(2018:187)
21) 곽재식(2018:132)

'손바닥을 아래로 향한 자세'와 '주먹을 쥐고 손가락 하나만 내민 자세'입니다. '손바닥을 위로 향하는 자세'는 무기가 없음을 보이기 때문에 복종적이고 비위협적인 자세이며, 누군가가 무엇을 받기를 기대하고 있다는 것을 보여주는 손입니다.[22] '손바닥을 아래로 향한 자세'는 권위를 나타냅니다. 남녀가 손을 잡고 걸어갈 때 지배적인 위치에 있는 사람은 손바닥을 뒤로 향해 쥐어서 자신의 손이 올라오게 하고 상대방의 손바닥이 앞으로 향하게 합니다. 이것으로 그 집의 가장을 알 수 있다고 하네요. 손바닥을 아래로 향한 자세로 가장 유명한 인물은 히틀러입니다. 사실 나치당이 1926년 채택한 이 공식 인사법은 이탈리아 파시스트당에서 빌려온 것이고, 파시스트당은 로마 조상들에게서 가져왔다고 하지만 정확한 근거는 없습니다. 원래 이 인사법은 1892년 미국에서 남북 전쟁 이후 학생들에게 애국심을 고취시키

22) 아담 켄든(2004:328)

기 위해 매일 수업 시작 전 성조기를 향해서 하던 경례 방식이었는데 나치 때문에 오해가 생길 수 있어서 미국 의회는 1942년 오른손을 가슴에 대고 서 있는 것으로 바꾸었다고 합니다.23)

제가 보기에 손바닥이 위나 아래를 향하는 이 자세들은 손바닥이 주요 참조점이 됩니다. 손바닥은 힘의 방향을 의미하는데, 손바닥이 위나 아래로 향하는 것은 힘의 방향이 각각 위나 아래로 향하는 것을 의미합니다. 여기서 상대를 들어 올리거나 내리누르는 상징 의미가 생깁니다. 소중한 사람이 넘어졌을 때 손을 어떻게 내밀 것인지 생각해보시면 이해가 쉬울 것 같습니다. '주먹을 쥐고 손가락 하나만 내민 자세'는 손바닥으로 가리킬 때보다 더 정확하게 지시하는 느낌은 있지만 일반적으로 사람에게 사용하지 않습니다. 어떤 연예인은 예능프로그램에서 이 자세와 반말을 자주 쓰는 것이 문제가 되어 하차 위기를 겪기도 했습니다. 우리말에 "손가락질을 하다."

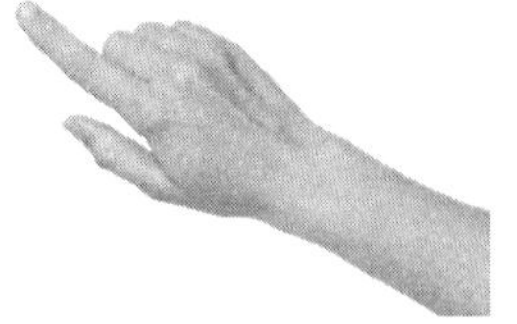

23) 데즈번드 모리스(2019:10)

처럼 이 자세에 비웃거나 비난하는 느낌이 있기 때문입니다. 그래서 가리키기 제스처는 보통 손으로 합니다. 이 외에 머리나 눈의 움직임은 물론 입술을 내밀거나 팔꿈치나 발의 움직임으로도 가리키는 것이 가능합니다.[24] 중요한 것은 해당 신체 부위로 방향을 나타낼 수 있는지의 여부입니다.

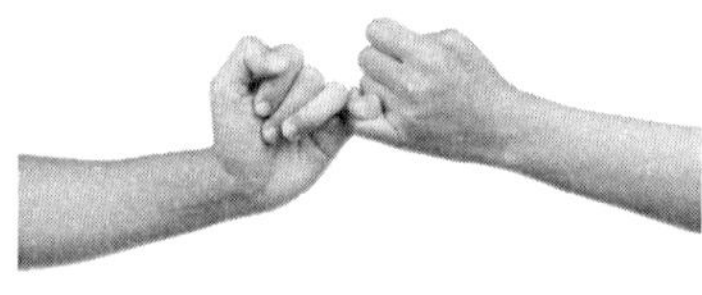

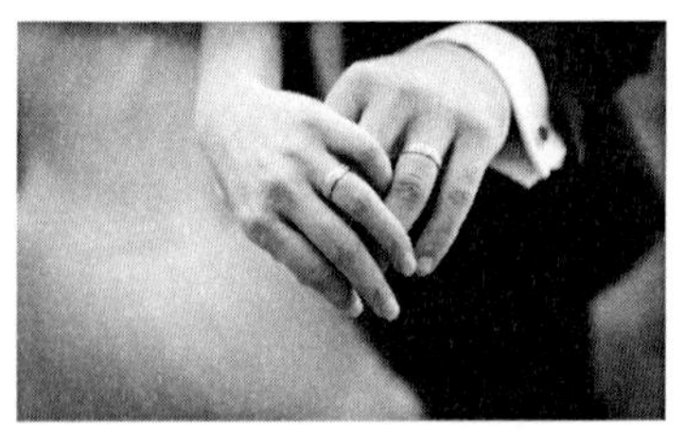

집게손가락의 쓰임은 알았으니 이제 나머지 손가락을 살펴볼까 합니다. 엄지손가락을 치켜세우면 칭찬이라거나 가운뎃손가락만 펴면 남성의 음경을 상징하

---

24) 아담 켄든(2004:227)

므로 욕이 된다는 점은 유명합니다. 넷째 손가락은 한국, 중국과 일본 모두 무명지(無名指)라 하고, 한국과 일본은 약지(藥指)라는 말도 씁니다. 이 손가락은 근육구조가 독립성이 적어서 손가락 중 활동이 가장 적습니다. 그래서 서구 중세의 약제사들이 약제를 젓거나 연고를 바를 때 활동이 적어서 비교적 깨끗한 이 손가락을 썼다는 이야기가 있습니다. 그리고 독립성이 적다는 특징 때문에 가장 연약하고 순종적인 왼손 약지는 반지 손가락(ring finger)이 됩니다.[25] 마지막으로 새끼손가락은 마음을 의미합니다. 중세 유럽에서 영혼과 대화를 시도할 때 한쪽 귀를 이 손가락으로 막고 했기 때문이라거나 심장과 가장 가까운 혈맥이 있는 곳이어서 마음을 의미한다는 이야기가 있습니다. 그래서 우리는 약속을 할 때 새끼손가락을 걸고 하는 걸까요?

손은 이렇게 다양한 손짓을 만들 수도 있고 도구를 통해 여러 가지 일도 합니다. 그래서 직업에 관한 단어에 사용하기 좋은 신체 부위입니다. 노래하는 가수(歌手), 나무로 작업하는 목수(木手), 북을 치는 고수(鼓手), 총이나 활을 쏘는 사수(射手), 일을 도와주는 조수

---

25) 데즈먼드 모리스(1985:195)

(助手) 그리고 아무 일도 안 하면 손에 쥔 것이 없으니 백수(白手)입니다. 사물에도 손이 있을까요? 의자나 책상은 다리는 있지만 팔이나 손은 없습니다. 가구가 어떤 일을 할 필요가 없으니까요. 하지만 기중기처럼 물건을 쥐고 이동시키는 일을 하면 우리는 그 부분을 팔이라고 부릅니다. 요즘은 기술의 발전으로 정밀한 조작이나 수술을 위해 공장이나 병원에 로봇팔이 많아졌습니다. 확실히 팔과 손이 많아지면 더 많은 일을 할 수 있겠죠.

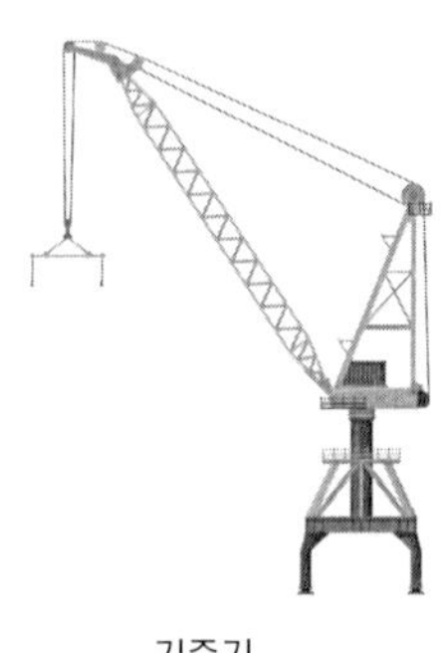

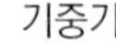

기중기 로봇팔

관세음보살(觀世音菩薩)의 특징 중 하나는 천수천안(千手千眼)인데 천 개의 손과 천 개의 눈을 가져서 모든 곳을 보면서 많은 사람의 어려움을 동시에 구제해줄

공연 〈천수관음(千手觀音)〉

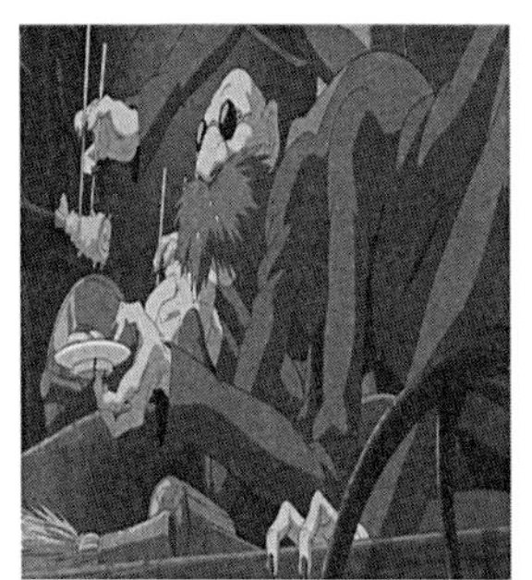

애니메이션 〈센과 치히로의 행방불명〉

수 있습니다.[26] 천수관음상에는 좌우마다 스무 개의 손이 있고 손마다 하나씩의 눈을 쥐고 있습니다. 이름과 실재가 다릅니다. 물론 천(千)이라는 수는 많다는 상징일 뿐이지만 실제로 1,000개의 손을 다 만들면 어떤 모양일지 궁금합니다. 중국의 천수관음 무용단도 42개의 손만으로 '천수관음'[27]을 아름답게 표현하고 있습니다. 애니메이션 <센과 치히로의 행방불명>에서 가마 할아범도 꽤 많은 손을 갖고 동시에 여러 가지 일을 하고 있습니다. 손이 여러 개면 뇌가 그만큼 더 발달할 것 같습니다. 손이 많은데 한 번에 두 개씩 움직일 수는 없으니까요.

---

26) 자현(2012:194)
27) 사진출처: 바이두 이미지(百度图片)

2. 다리

웹툰 〈마음의 소리〉

손이 대부분의 일을 하지만 손을 일할 곳으로 이동시키는 것은 발입니다. 그래서 "발을 빼다."나 "발을 끊다."와 같은 표현이 있습니다. 어떤 일을 하지 않기 위해 그 장소에서 나오거나 이제 가지 않는 것이죠. 발과 관련된 자세들은 이동이란 개념을 통해 사람의 마음을 보여줍니다. 예를 들어 공부나 일을 하고 있는데 좋아하는 사람이 밖에서 기다리고 있으면 발은 자꾸 출입문을 향하게 되고, 어떤 사람과의 만남이 지루하다면 양손으로 무릎을 짚고 몸을 앞으로 숙이거나 달리기의 출발 자세처럼 양손으로 의자를 짚고 몸을 앞으로 숙이는 자세를 하게 됩니다.[28] 특히 이야기하는 도중에 상대가 한쪽 발을 바깥쪽으로 돌리면 그만 가야 한다는 신호입니다.[29] 그때는 대화를 마치는 것이 좋을 것 같아요. 여기에도 원인(결과)으로 결과(원인)를 연상시키는 인과환유가 사용되었습니다. 한 자세가 다음 동작을 연상하게 하니까요. 인간은 뜨거운 모래, 구불구불 기어 다니는 뱀, 성질 고약한 사자 등에 민감하게 반응하고, 멈추기나 도망치기 또는 차기 등 발과 다리로 반응합니다. 이러한 생존법은 인간에게 커다란 도움이 되기 때문에 몸에 내장되었고요.[30] 우리가 미처 의식적으로 계획을 세우기도 전에 이미 변연계가 지시를 내려 우리의 발과 다리가 도망가거나 걷어차거나 그 자리에 가만 있을 준비를 하게 하는 거죠.[31] 그래서 많은 보디랭귀지 전문가들은 꾸밀 수 있는 얼굴보다 잘 보이지 않아 사람들이 신경 쓰지 않는 발이 더 많은 진실을 보여준다고 합니다.

28) 앨런 피즈·바바라 피즈(2004:244)
29) 조 내버로(2018:286)
30) 조 내버로·마빈 칼린스(2008:173)
31) 캐럴 킨제이 고먼(2010:147)

무용수의 커트시

무릎 꿇은 기사

우리는 윗사람이나 아랫사람이라 말하는데 여기에 은유[통제/높은 지위는 위][복종/낮은 지위는 아래]가 있습니다.[32] 몸의 크기가 힘과 상관관계가 있고, 힘은 다시 사회적 지위와 관계하기 때문입니다. 그래서 높은 위치는 높은 지위를 나타내고, 낮은 위치는 낮은 지위를 상징합니다. 팔 치켜들기, 악수, 포옹은 지위가 동등한 사람들의 인사법이고 윗사람과 아랫사람이 만날 때는 몸짓 언어가 전반적으로 다릅니다. 그럴 때는 아랫사람이 몸을 낮추는 행동이 핵심 요소가 됩니다. 이런 방식에 커트시(curtsey), 무릎 꿇기, 엎드리기 등이 있습니다. 발레나 오페라 같은 공연에 커트시가 아직 남아 있는데, 무릎을 바닥에 닿을 때까지 굽히려다가

32) 조지 레이코프·마크 존슨(1980[2003]:41)

도중에 멈춘 자세입니다.[33] 무릎을 완전히 꿇는 것은 그 행동이 완결된 것이고 더 극단적인 형태의 복종 표현으로 이는 보통 남성이 여성에게 청혼할 때나 기사 작위를 받는 경우 보게 됩니다.[34]

[35]

브란트의 무릎꿇기

티베트의 오체투지

그 정도가 더 강화되면 두 무릎을 모두 꿇을 수 있는데 보통 큰 잘못에 대한 사죄의 의미를 나타냅니다. 종교인들도 신 앞에서 자신을 낮추기 위해 두 무릎을 꿇거나 오체투지를 하기도 합니다.[36] 오체투지(五體投地)[37]는 말 그대로 두 팔꿈치, 두 무릎과 이마 등 신체

33) 데즈먼드 모리스(2019:26)
34) 데즈먼드 모리스(2019:32)
35) 사진출처: 네이버 지식백과
36) 샤오춘레이(2002:302)
37) 사진출처: 바이두 이미지(百度图片)

의 다섯 부위(五體)를 땅(地)에 던지는 것(投)입니다. 한국 불교 신자들의 일반적인 절도 다섯 신체 부위가 땅에 닿습니다. 하지만 가장 극단적인 형태의 큰절은 역시 온몸을 바닥에 대는 것입니다.[38] 온몸을 바닥에 대는 형태는 티베트에서 성지 순례를 할 때 보통 3보 1배를 하고 본격적으로 밀교 수행에 들어가기 전에 실천하는 기초 수행법의 하나로 알려져 있습니다.[39] 커트시부터 오체투지까지 각 자세에서 세상이 어떤 모습으로 보일지 상상해보는 것도 좋겠습니다.

---

38) 데즈먼드 모리스(2019:40)
39) 한국민족문화대백과(네이버 지식백과)

7장

몸과 공간

몸과 공간

1. 거리

라파엘로 〈아테네 학당〉

플라톤과 아리스토텔레스는 역시 아테네 학당[1]의 센터입니다. 서양철학사에서 이 두 사람은 늘 중심인 것 같습니다. 아리스토텔레스 바로 앞 계단에는 디오게네스가 거의 오체투지하듯 바닥에 누워있습니다. 사람들이 내려다보는 위치에 별로 신경을 쓰지 않는 진정한 자유인이네요. 사람이 너무 많아서 전체적 특징만 보면 플

1) 사진출처: 네이버 지식백과

라톤이 아리스토텔레스와 가까이 있는 것처럼 다른 사람들도 각자 무리 지어 있습니다. 서로 관계가 깊으면 보통 무리 지어 있습니다. '친하다.'라는 말의 친(親)은 '가깝다.'라는 뜻입니다. 칫솔은 치약, 샤프는 노트, 치킨에 맥주 같은 거죠. 그래서 학교 행사 후에 제자들과 단체 사진을 찍으면 저와 친하거나 친해지고 싶은 학생들은 제 주변에 모여 있습니다. 여러분도 최근에 찍은 단체 사진을 한 번 확인해보시는 것도 재밌을 겁니다. 인간관계가 대략 보이거든요. 물론 수줍음이 많다거나 그날 싸웠다는 식의 변수는 고려해야 합니다.

개체 간의 가까움은 영향의 강도와 관련이 있습니다. "형태 A가 형태 B의 의미에 영향을 미친다면, 형태 A가 형태 B에 가까울수록 B의 의미에 대한 A의 영향은 그만큼 더 강해진다."[2] 현실 세계에서 가까이 있는 것들은 우리의 개념 세계에서도 가깝고, 이는 언어 세계에 영향을 미칩니다. 예를 하나 들겠습니다. '우리 가족이 좋아하는 오래된 기와집'. 개념 [집]의 본질에 가까운 것은 언어표현 '집'과도 가깝습니다. 그래서 '기와'가 '집'과 가장 가깝고 그다음은 '오래된'과 '우리 가족이

---

2) 조지 레이코프 · 마크 존슨(1980[2003]:229)

좋아하는'의 순서입니다.[3] '기와로 된 오래된 우리 가족이 좋아하는 집' 등으로 순서를 바꿔도 말은 되지만 조금 부자연스럽다는 것을 바로 아실 겁니다. 사람과 사물의 거리도 마찬가지입니다. 행동분석가 조 내버로의 친구는 세관 검사원으로 일하는데 사람들이 입국할 때 가방과 지갑을 어떻게 들고 있는가에 주목한다고 합니다. 핸드백 속의 내용물에 대해 걱정하는 사람은 가방을 몸에 더 밀착시키거나 꽉 잡는 경향이 있는데, 특히 통관 데스크에 가까워지면 그런 동작이 더 심해진다고 해요. 이 외에 사람들은 불쾌한 것은 가능한 한 몸에서 멀리합니다. 다른 사람에게 오물이 묻은 기저귀를 버리라고 건네줄 때 대개 손가락을 몇 개만 사용해 잡고 몸부터 멀리 떨어뜨리려고 팔을 최대한 뻗는데 이는 인간의 본능적 행동입니다.[4] 중요하거나 좋아하는 것은 가깝게, 관심 없거나 싫어하는 것은 멀리. 이제 사람과 사람의 거리도 보겠습니다. 에드워드 홀은 일반적으로 상대와의 관계에 따라 허락되는 물리적 거리를 다음과 같이 분류했습니다.[5]

---

3) 조지 레이코프·마크 존슨(1999:674)
4) 조 내버로·마빈 칼린스(2008:120,124)
5) 이상은(2018:40)

1. 친밀한 거리(−45cm이내): 가족, 연인, 친한 친구, 애완동물 등
2. 사적인 거리(45cm~1.2m이내): 직장 동료, 친구 등
3. 사회적 거리(1.2m~3.6m이내): 택배 기사, 캐셔와 같이 친분이 없는 관계
4. 공적 거리(3.6m이상): 1대 다수로 강연이나 발표를 하는 경우

다양한 맥락에 의해 이 거리는 조정됩니다. 오래된 부부가 서로 적절한(?) 거리를 지키며 '친밀한 거리'가 아니라 '사적 거리'를 유지할 수도 있고, 커다란 성과를 거둔 직장 동료끼리 신이 나서 하이파이브를 할 때면 '사적인 거리'가 '친밀한 거리'로 좁혀지는 것이죠. 또 콘서트에서 무대 위의 가수가 팬들에게 다가가면 '공적 거리'에서 '친밀한 거리'로 전환되면서 극적 효과를 줄 수도 있습니다. 학교나 회사에서 이와 비슷한 경험을 하셨을 것 같아요. CEO가 주말에 부하 직원과 낚시를 할 때는 부하 직원들이 사적인 거리나 친밀한 거리까지 들어오는 것을 허용하지만, 회사에서는 다시 부하 직원들과 '사회적 거리'를 유지하는 경험이요.[6] 생

6) 앨런 피즈·바바라 피즈(2004:198)

각해보면 교실에서 1년을 본 학생보다 연구실에 자주 와서 함께 밥을 먹는 제자들이 더 기억에 남는데 가까운 거리에서 오랜 시간을 보낸 점이 큰 영향을 미친 것 같습니다. 친해서 가까이 있기도 하지만 가까이 있어서 친해지기도 하니까요.

거리가 먼 부부

하이파이브하는 동료들

관객에게 다가가는 가수

탱고

왈츠

서로가 친밀한 거리로 들어가는 직접적인 방식에 춤이 있습니다. 초기에 아르헨티나 하층 이민자들의 춤이었던 탱고는 자유를 만끽하는 사회 분위기가 되면서 상류층의 문화로 자리 잡았고 유럽으로 건너가 파리를 사로잡았습니다. 유럽대륙을 매혹 시킨 최초의 라틴 음악이자 라틴 댄스였죠. 무도회가 열릴 때마다 사람들은 탱고를 추고 싶어 했는데, '이제까지의 다른 어떤 춤보다도 몸을 밀착시키는 춤'이었기 때문입니다. 이 때문에 파리의 대주교나 교황 베네딕트 15세를 비롯해 종교계의 비판에 놓이기도 합니다.[7] 사회의 주류라고 불리는 보수적인 무리에서 창의적인 문화가 탄생하기는 어렵습니다. 항상 변방에서 새로운 것들이 탄생하고 변화를 주저하던 중심을 대체하죠. 프랑스 대혁명을 전후로 왈츠가 미뉴에트를 대신한 사건도 그렇습니다. 농민들이 즐기던 춤과 음악으로 파트너끼리 팔과 허리를 안은 채 빠른 속도로 회전하며 점점 가빠지는 상대방의 호흡과 땀방울을 느끼던 왈츠가 부자연스러운 의상과 차갑게 거리를 유지하며 작위적인 궁정 예절을 상징하던 미뉴에트를 누른 것이죠.[8] 사회 분위기가 사람들의 거리를 규정하기도 하고, 사람들의 거리가 사회 분위기를 바꾸기도 합니다.

거리를 좁힌다고 무조건 친밀감이 생기는 건 아닙니다. 격한 언쟁이 벌어졌을 때 어떤 사람은 상대의 얼

7) 이용숙(2004[2010]:83)
8) 이용숙(2004[2010]:173)

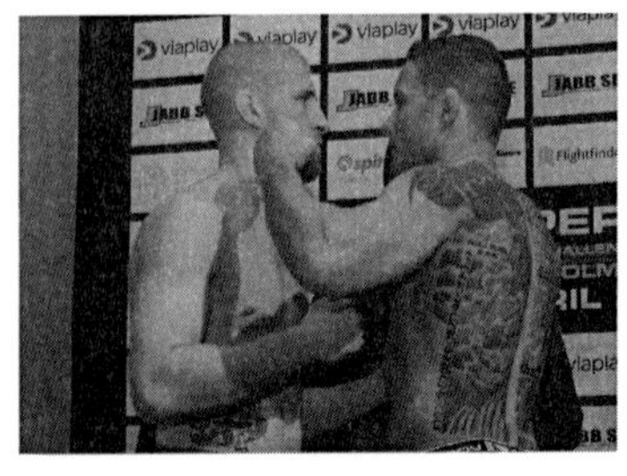

굴에서 불과 몇 센티미터 떨어진 곳까지 다가와 쏘아보면서 상대의 개인적 공간을 의도적으로 침범합니다.9) 보통 격투기 경기 전 개체량에서 선수들이 상대방을 도발할 때 볼 수 있는 장면입니다. 친밀감이 없는데 강제로 상대방의 영역을 차지하니 긴장감이 조성되는 거죠. 거리에 대한 인식은 도시와 시골처럼 사는 지역의 환경에 따라 다르기도 합니다. 사람이 드문 곳에서 자란 사람들은 개인 공간 반경이 6미터에 이르는 경우도 있는데, 이런 사람들은 악수를 하는 대신 손을 흔들어 인사하는 게 편할 수 있습니다.10)

신체접촉에 대한 학문인 촉각학(haptics)에 따르면 엄마와 첫 포옹에서 시작되는 신체접촉은 매우 강력한 힘을 갖고 있습니다. 임상연구 결과를 보면 조산아를 많이 쓰다듬어주면 그보다 덜 쓰다듬어준 조산아들에

9) 데즈먼드 모리스(1985:224)
10) 앨런 피즈·바바라 피즈(2004:204)

비해 40퍼센트 빨리 성장한다고 하네요. 하지만 이렇게 좋은 신체접촉도 문화에 따라 각기 다르게 해석됩니다. 프랑스, 라틴아메리카, 이스라엘, 그리스, 사우디아라비아 등 접촉문화권에서는 상대방의 어깨에 손을 올리거나, 팔에 손을 대는 것이 신뢰나 호감의 제스처지만 독일, 영국, 일본, 북미 등 비접촉문화권에서는 이런 행동이 도를 넘는 행동이나 성희롱으로 여겨질 수 있습니다. 이런 차이를 구체적으로 보여주는 연구 결과가 있습니다. 미국 마이애미, 영국 런던, 푸에르토리코 산 후앙의 노천카페에서 사람들이 대화하는 모습을 관찰하며 신체접촉을 주고받는 횟수를 기록한 실험인데요. 같은 시간 동안 신체접촉 횟수가 산 후앙이 189회, 마이애미가 2회였고, 런던에서는 한 차례도 관찰되지 않았다고 합니다.[11] 접촉은 강력한 유대를 가져올 수도 있지만 반드시 상대방의 문화나 개인적 성향을 고려해야겠습니다. 그래도 접촉이 일어나는 신체 부위에 주의하면 불필요한 오해를 어느 정도 피할 수 있습니다. 팔꿈치, 손등과 같이 공적인 신체 부위로 간주되는 부분은 상대가 접촉을 그나마 편하게 받아들일 수 있죠. 악수

11) 캐럴 킨제이 고먼(2010:185,207)

로 인사를 건네거나 하이파이브로 응원을 보내는 방법도 좋습니다.12)

2. 영역

에드워드 홀의 근접학(proxemics)은 공간에 대한 인간의 욕구를 정의합니다. 그는 사회적으로 더 유리한 위치에 있을수록 보다 많은 영역을 요구한다는 사실을 발견했고, 일상에서 더 많은 공간을 차지하는 사람이 자신감이 강해 더 높은 지위를 차지하기 쉽다는 것도 알아냈습니다.13) 어린 시절 긴 책상 하나를 짝과 함께

12) 이상은(2018:86)
13) 조 내버로 · 마빈 칼린스(2008:188)

쓰게 되면 가운데 선을 긋고 그 선을 못 넘도록 신경전을 벌이는 학생이 많았습니다. 이런 경쟁은 어른이 되면 사라지는 것이 아니라 은근하면서 치열해집니다. 만약 식당의 2인용 식탁 한가운데 소금, 후추와 꽃병 등이 놓여 있는데 그것을 조금씩 상대편 공간으로 이동시키면 상대방이 뒤로 물러나 앉거나 밀어 놓은 것들을 원래 있던 곳으로 다시 밀어 놓을 것입니다.[14] 사람들과 테이블에 자리를 잡을 때 대개 지위 높은 사람은 앉자마자 팔이나 자신의 물건, 즉 서류, 가방, 지갑 등을 펼쳐놓음으로써 가능한 많은 자리를 차지합니다.[15] 반대로 지위와 자신감이 상대적으로 낮은 사람은 탁자 위에 자기 자료를 차곡차곡 올려두는 등 공간을 적게 쓰는 경향이 있습니다.[16] 지금 집에서 여러분의 공간은 얼마나 되나요? 절대적 크기를 말하는 것이 아니라 집 전체에서의 비중을 물어보는 겁니다. 자신의 스타일대로 꾸민 1인 가구부터 아이들의 공간이 대다수인 가정까지 다양한 위계가 담겨 있을 것 같습니다.

---

14) 앨런 피즈·바바라 피즈(2004:202)
15) 조 내버로·마빈 칼린스(2008:125)
16) 캐럴 킨제이 고먼(2010:173)

저는 연구실보다 카페에서 글을 쓰는 경우가 많은데요. 카페 안의 사람들은 잠시 자리를 비울 때 보통 자신의 짐을 두고 나갑니다. 이때 소지품은 그 사람을 대신하여 주인이 돌아올 때까지 그 자리를 지킵니다. 다른 집에 내 책을 둔다고 그 집이 내 집이 되지 않지만, 공적 공간에서는 일시적 효과를 갖습니다. 데즈먼드 모리스가 도서관 자리 차지하기에 대해 진행한 실험을 보면, 책이나 개인 소지품을 남겨 둔 자리는 평균 77분 동안 소유권을 인정받아 다른 사람이 앉지 않았고, 의자에 옷을 걸쳐 둔 자리는 평균 2시간 동안 소유권을 인정받았습니다.[17] 사물마다 그 효력이 다르게 나타난다는 점이 재밌습니다. 도서관 책상에 다음과 같은 물건들이 놓여 있다고 생각해보죠. 휴대폰, 옷, 개인이 소장한 책, 도서관에서 빌린 책, 볼펜, 이면지. 도서관 책, 볼펜이나 이면지 정도는 누가 옆으로 치우고 앉아버리기 쉽습니다. 하지만 주인의 개성 등 고유한 정보를 담은 물건들은 함부로 대하기 어렵습니다.

17) 앨런 피즈·바바라 피즈(2004:205)

영역표시는 서 있는 자세에서도 드러납니다. 어떤 사람이 다리를 얼마나 넓게 벌리고 있는가는 그 사람이 어떤 일을 하는지를 말해주는데 군인과 경찰은 회계사나 엔지니어보다 두 다리 사이의 폭이 더 넓은 경향이 있습니다.[18] 영화나 만화의 히어로도 항상 자리를 많이 차지하는 자세로 서 있습니다. 영화 포스터에서 공손하게 다리를 모은 히어로를 보기는 어렵습니다. 두 발을 모으고 서 있는 자세, 즉 군대용어로 '차려' 자세는 낮은 지위를 연상시키는 공손한 자세입니다.[19] 지휘자가 하위 장병들에게 '열중쉬어'하고 구령을 내리면 다리를 벌리고 뒷짐 지기 자세를 취하

18) 조 내버로(2018:269)
19) 네즈먼드 모리스(2019:94)

지만 이 경우에는 공격을 받을 수 있는 취약한 자세를 취하도록 강요당한 것이므로 겁 없음을 과시하려는 의도로 다리를 벌린 자세와 그 의미가 전혀 다릅니다.[20)]

앉아서도 다리를 넓게 벌려서 영역을 확보할 수 있습니다. 이 자세는 주변 사람에게 부담스러운 느낌을 주기도 하고 자신의 영역이 침범당하는 느낌에 짜증도 납니다. 이런 점에서 원탁은 모인 사람들이 비교적 동등하게 영역을 확보하고 모두가 서로를 바라볼 수 있다는 장점이 있습니다. 그래서 회의의 목표가 팀워크 활성화일 때는 모두가 빙 둘러앉을 수 있는 원탁이 좋습니다. 이런 좌석 배치는 모든 참석자가 평등하다는 비언어적 신호가 되고, 참석자들 간에 커뮤니케이션이 촉진되니까요.[21)] 하지만 원탁에도 서열은 있습니다. 원탁

20) 데즈먼드 모리스(1985:224)
21) 캐럴 킨제이 고먼(2010:176)

은 대칭형이지만 주변 사물들이 원탁에 새로운 지위를 부여하거든요. <아서왕과 원탁의 기사>를 보면 왕의 의자는 유난히 높아서 다른 자리와 차별화됩니다. 그렇게 왕의 자리가 가장 높은 지위를 얻으면 그 양옆에 있는 사람들이 다음으로 지위가 높고, 그 둘 중에서도 왕의 오른쪽에 앉는 기사가 왼쪽에 앉는 기사보다 더 많은 권력을 쥔 것으로 보입니다.[22] 위에서 본 것처럼 '가까움은 영향의 강도'니까요. 우리가 보통 원형 탁자를 만나는 곳은 중식당일 것 같습니다. 그곳에 아서왕을 데려가면 어디에 앉게 하면 좋을까요? 출입구에서 가장 먼 곳, 즉 출입구와 마주 보는 자리에 앉게 하면 됩니다. 이번에는 출입구가 원탁의 각 자리에 지위를 부여하게 되는데 출입구 앞에서 문을 등지고 앉게 되면 음식이 나오거나 사람들이 화장실을 오갈 때 매번 자신의 등 뒤로 음식과 사람이 지나가게 됩니다. 굉장히 불편한 공간이죠. 그래서 출입구에서 가장 멀고 그 문으로 누가 들어오고 나가는지 전체 공간을 관찰할 수 있는 자리가 상석이 되는 것입니다. 그렇게 상석이 정해지면 거기서부터 시작해서 각 자리에 지위가 부여되겠죠. 만

22) 앨런 피즈·바바라 피즈(2004:319)

약 사각 테이블에서 두 회사가 회의를 하면 위에서 이야기한대로 모인 사람들 전체를 바라볼 수 있는 자리가 상석이 됩니다. 그리고 양쪽 두 열에 각각 회의의 두 주체가 앉게 되고요. 친밀하고 가까운 우리 쪽 사람은 옆에 앉고, 대화를 해야 할 사람들은 서로 표정을 관찰하며 대화할 수 있도록 마주 보는 배치입니다.

3. 미러링

회의에 몰입하면 상대가 물을 마실 때 나도 물을 마시거나 상대가 옷매무새를 정리할 때 나도 따라 정리하기도 합니다. 미러링(mirroring)을 하는 것이죠. 이런

행동들은 인간의 뇌에 내장된 반응으로 보통 상대방과 사이가 좋을 때 일어납니다.[23] 이 동기화 과정에는 거울 뉴런(mirror neuron)이 있습니다. 여러분이 초콜릿 한 조각을 먹을 때 뇌세포들의 특정 연결망이 활성화되는데 이 세포들은 여러분이 초콜릿을 먹을 때뿐 아니라 다른 사람이 초콜릿을 먹는 것을 볼 때도 활성화됩니다. 이런 반응을 통해 우리는 다른 사람이 하는 행동을 이해하기도 하고, 같은 행동을 하려는 경향이 촉발되면서 사회적 존재가 되어가는 것이죠.[24] 거울 뉴런이 자기 스스로 행동할 때는 물론 타인의 동작을 관찰할 때도 활성화되기 때문에 우리는 영화, 만화, 연극 등 문화 콘텐츠를 즐길 수 있습니다. 연기자가 아무리 노력해도 관객이 그 감정을 즉각적으로 공유할 수 없다면 다 무의미한 게 되니까요.[25] 미러링은 내가 내 주변 사람들과 닮아가도록 유도합니다. 이 점을 고려하면 여러분에게 항상 닮고 싶은 사람들 곁에 계실 것을 추천합니다.

---

23) 캐럴 킨제이 고먼(2010:41,57)
24) 크리스티안 케이서스(2011:12)
25) 쟈코모 리쫄라띠 · 코라도 시니갈이아(2006:9)

8장

몸의 연장

1. 도구

애니메이션 〈공각기동대〉

"사이보그란 인간과 기계가 혼합된 것을 말한다. 하지만 그 경계선은 어디일까? 심박조율기를 착용했다고 사이보그일까? 시계는 어떨까? 콘택트렌즈는? 옷은? 살과 기계의 비율이 정해져 있기라도 한 건가?"

카라 플라토니가 책 <감각의 미래>에서 제기한 질문입니다. 눈에 장착된 카메라로 다큐멘터리를 찍은 경험이 있는 스펜스는 다음과 같이 말합니다.

"저는 티셔츠를 입어도 사이보그가 된다고 생각합니다. 티셔츠를 만드는 데도 기술이 필요하고 티셔츠는

평범한 인간의 맨살을 강화하는 역할을 하니까요. 우리가 키가 더 커지고 더 오래 살고 추위에 발이 얼어붙지 않게 된 데에는 이유가 있습니다. 신발은 일종의 기술입니다."[1)]

우리의 몸이 환경에 적응하도록 돕는 인공물을 몸의 연장으로 본다면 몸에 대해 더 다양한 이야기를 할 수 있을 것 같습니다. 마지막 장에서는 여러분과 그 연장의 방식들에 대해 살펴보겠습니다.

짧은 역사로 건국신화가 없는 미국은 2차 세계대전 이후 영웅에 대한 열망을 반영하듯 슈퍼 히어로를 대량생산하며 미국 스타일의 신화를 만들어냅니다.[2)]

1) 카라 플라토니(2015:382)
2) 백란이(2018:7)

그중 나이도 많고 인기도 많은 슈퍼맨의 망토는 어린 시절 아이들이 따라 하던 인기 아이템이었죠. 슈퍼맨이 날거나 착륙할 때 휘날리는 망토가 주는 역동적인 느낌에 끌렸던 것 같습니다. 원래 망토는 고대 로마 시대의 군 필수품이었는데 야전에서 담요처럼 쓰거나 손에 들고 휘둘러 방패처럼 쓰기도 했다고 합니다.[3] 전쟁터와 관련된 옷에서 트렌치코트를 뺄 수 없는데 토머스 버버리가 만들어서 '버버리코트'라고 부르기도 합니다. 영화나 드라마에서 가을 분위기를 연출하거나 탐정들이 자주 입는 옷. 사실 트렌치(trench)는 전쟁터의 참호라는 뜻으로 트렌치코트는 군인 전용으로 만들어진 옷

---

3) 나무위키

입니다. 참호는 땅속에 물기가 배어 나오고 비나 눈이 라도 오면 그것들이 다 고여서 군인들이 쉽게 발이 망가지고 피부병이 생기기도 했는데 이런 환경에 적응하기 위해 방수가 되고 체온 유지에 도움이 되도록 설계한 거죠. 게다가 허리는 끈으로 조일 수 있고, 어깨에 견장을 달 수 있고, 벨트에 수류탄을 매달 수 있도록 쇠로 된 D자 모양의 고리도 있습니다.4) 옷 한 벌로 피부와 털을 강화했네요.

넓은 어깨는 남성성을 강조하기 때문에 1980년대 남성 정장의 특징은 커다란 어깨와 박스 형태의 실루엣이었습니다. 이런 스타일의 파워 슈트(power suit)를 입고 헐크처럼 몸을 키우는 거죠. 그러다가 2000년대에야 자연스러운 실루엣의 남성 정장이 탄생합니다. 힘 있는 남성상이 대세일 때는 남자를 커 보이도록 만드는 옷이, 부드러운 남성이 대세일 때는 날씬해 보이도록 만드는 옷이 유행합니다.5) 어깨를 넓혀 남성성을 강조하기 위한 장치는 많습니다. 어깨선을 빳빳하게 굳혀주고 튀어나온 끝으로 너비를 더하는 군대의 견장이나 가부

---

4) 이영숙(2013:91)
5) 이민정(2014:52)

키의 남성 배우가 빳빳한 능라로 만든 거대한 날개를 달아서 어깨를 거의 두 배로 만드는 연출이 그렇습니다.[6] 이런 어깨를 넓히려는 노력은 만화 <드래곤볼>의 전투복에서 재현됩니다.

1970~1980년대 여성의 사회 진출이 활발해지던 시기에 남성과 동등하거나 더 우월한 성과를 낼 수 있다는 자신감이 넘칠 때 어깨 패드를 통해 어깨를 넓어 보이게 하는 파워 숄더(power shoulder)가 유행했습니다.[7] 그래서 영화 <소림 축구>에서 수줍음이 많은 만두가게 아가씨가 자신감을 갖고 짝사랑 앞에 서던 장면에는 어깨가 과장되게 표현됩니다. 반대로 여성의 허리는 얇아지려는 시도가 있었습니다. 허리를 13인치로

만화 〈드래곤볼〉

영화 〈소림 축구〉

6) 데즈먼드 모리스(1985:162)
7) 이민정(2014:178)

만들기 위해 귀족 여성들은 고래 뼈나 철사로 만든 코르셋으로 복부를 압박했고 지나친 압박으로 폐가 제대로 된 기능을 하지 못하거나 종종 산소 부족으로 의식을 잃고 쓰러졌다고 합니다. 그리고 나약한 것을 귀족적인 것으로 생각해서 놀라운 이야기를 듣게 되면 바로 기절하는 시늉을 했다고도 합니다.[8] 영화에서 이런 장면을 볼 때마다 여성성을 강조하기 위한 과장된 표현인 줄 알았는데 아니었습니다.

여성들이 팔찌를 하던 관습도 가녀린 여성의 팔이 전달하는 성별 신호를 과장하는 방식이었습니다. 팔찌가 그 안에 있는 가녀린 팔을 더욱 강조하는 거죠.[9] 그렇다면 영화 <샹치와 텐 링즈의 전설>에 등장한 만다린은 좀 더 큰 팔찌를 사야 할 것 같습니다. 팔이 조여서 피가 안 통할 것 같아요. 원래 원작 속 만다린이 소유했던 것은 열 개의 반지인데 열 개의 팔찌로 변환시켰습니다. 영화 <쿵푸 허슬>에 나오는 옷가게 주인은 홍가권의 계승자로 원형 고리를 팔목에 껴 무기이자 방어 도구로 사용하는데 여기서 아이디어를 가져온 것 같

8) 이민정(2014:62)
9) 데즈먼드 모리스(1985:180)

습니다. 캐릭터의 옷차림이나 휴대한 사물은 캐릭터가 환경과 상호작용하는 매개체입니다. 그래서 캐릭터가 특정 활동을 할 수 있게 가능성을 열어줍니다. 만다린의 팔찌, 토르의 망치 및 캡틴 아메리카의 방패로 할 수 있는 공수의 방식이 정해져 있고 그것에 어울리는 스토리가 있기 때문입니다. 환유를 통해 사물들이 캐릭터의 정체성에 기여하는 정도를 확인하는 방법을 하나 알려드리겠습니다. 여기 책상 위에 팔찌, 망치 그리고 방패가 있습니다. 그럼 이 방에 누가 있을 것 같나요? 만약 사물만 보고 해당 캐릭터가 강하게 떠오른다면 사물과 캐릭터는 우리의 머리에서 이미 하나로 잘 연결된 것입니다.

영화 〈쿵푸 허슬〉

캡틴 아메리카의 방패

토르의 망치

영화 속 캐릭터들이 무기를 자유자재로 다루는 것처럼 우리도 일상생활에서 다양한 도구를 매우 익숙하게 다룹니다. 일단 익숙해지면 내 신체의 일부가 되어 도구라는 것을 잊게 됩니다. 안경, 모자나 옷처럼 쓰거나 입는 '과정' 중에는 인지할 수 있지만 쓰거나 입고 난 '상태'가 되면 인지하지 못합니다. 익숙함은 늘 망각과 연결됩니다. 도구가 내 몸을 확장하면 새로운 몸에 맞게 감각과 운동방식이 변합니다.[10) 글을 쓸 때 펜은 내 손가락의 길이와 촉각을 확장하고, 빨대는 내 입을 멀리 떨어진 커피와 연결하고, 자전거는 손과 발에 방향과 이동을 맡기죠. <사이보그가 되다>[11)]라는 책을 보면 아파트 경비 노동자가 업무 중 의족이 부서진 것에 대해 산재보험법에 따라 요양급여를 청구한 이야기가 있습니다. 대법원 판결까지 가서야 의족의 '탈부착 가능성'을 근거로 의족이 부서진 것을 신체의 부상으로 인정받게 됩니다. 여기서 글쓴이는 의족보다 탈부착이 쉽지만 목발, 휠체어, 보청기 등도 신체 일부로 볼 수 있다는 점을 강조합니다. 저는 펜이나 빨대 등 작은 도구도 내 신체를 확장해서 쓴 것으로 보기 때문에 목발,

10) 박웅석(2021a:159)
11) 김초엽 · 김원영(2021:52)

휠체어, 보청기 등을 당연히 신체 일부로 볼 수 있다고 생각합니다. 법률은 잘 모르지만 인지적으로는 그렇습니다. 도구로 몸이 확장되는 것과 반대로 내 몸의 일부가 사라지고 나서도 그 부분이 실재하는 것으로 느껴지는 '환상사지'도 있습니다.[12] 현실 세계에서 사고로 잃은 팔이나 다리가 개념 세계에는 여전히 존재해서 감각되거나 통증까지 느끼기도 하는 거죠. 현실 세계의 반복된 습관으로 개념 세계에 고착된 패턴은 쉽게 사라지지 않습니다.

2. 하이브리드

이제 판타지의 세계로 가볼까요? 이질적인 요소가 서로 섞인 것으로 혼성이라는 뜻의 하이브리드(hybrid). 상상의 세계에서 인간은 정말 다양한 동물들과 혼성된 역사가 있습니다. 그중 반은 인간이고 반은 말인 켄타우로스를 인지언어학으로 설명하면 다음과 같습니다. 우리가 무언가를 생각하면 개념 세계에 그 이미지가 하나의 정신공간을 차지합니다. 켄타우로스는 두 개의 정

12) 빌라야누르 라마찬드란 · 샌드라 블레이크스리(2000:97)

켄타우로스

신공간이 필요합니다. 입력공간1에는 [사람]이 있고 입력공간2에는 [말]이 있는데, 혼성공간이라는 제3의 정신공간에 입력공간1[사람의 상반신]과 입력공간2[말의 하반신]이 들어와 혼성된거죠. 이런 상상력의 근원에 대해 다양한 설명이 있는데, 가장 유명한 것은 말을 탈 줄 모르던 그리스인들이 말을 탄 유목민을 처음 보았을 때 말과 인간을 하나의 몸뚱이로 착각했을 것이라는 설명입니다. 그럼 그리스인들이 현대에 와서 오토바이를 탄 사람, 행글라이더를 탄 사람, 보트를 탄 사람을 봤다면 현대판 켄타우로스, 이카루스와 인어가 탄생할까요? 혹시 나무 뒤에서 고양이가 얼굴만 내밀면 '고양이 나무'(?)가 되는 걸까요? 아닐 겁니다. 보르헤스(1967:87)도 켄타우로스는 머리에서 나온 상상의 동물이지 사람들의 무지와 혼동에서 비롯된 것이 아니라는 점을 지적하고 있습니다. 루크레티우스는 시집 <사물의 본성에 관하여>에서 켄타우로스라는 존재가 불가능하다고 말합니다. 말은 인간보다 훨씬 빨리 성체가 되기 때문에 인간이 세 살이 되면 켄타우로스는 다 자란 말이 되고, 말은 인간보다 오십 년은 더 빨리 죽기 때문에 불가능하다는 거죠.[13] 그럼 하반신만 먼저 죽는 건가요? 켄타우로스 드라이브스루 하는 소리입니다. 그래도 재밌는 생각이네요.

영화 〈미인어〉

의사소통에서 표정, 목소리 및 손짓이 차지하는 비중이 너무 커서일까요? 인어도 역시 사람의 하반신이 아니라 얼굴과 손이 있는 사람의 상반신을 가져옵니다. 영화 <미인어>에서 주인공이 경찰에게 인어를 설명할 때 반은 사람 반은 물고기라고 하니 사람과 물고기 모두 상반신을 가져다 혼성합니다. 사람의 하반신과 물고기의 상반신으로 패러디한 것은 자주 봤는데 이 아이디어는 참신하네요. 유치하다고 하실 분도 있는데 실제로 인어는 그 모습에 여러 가지 버전이 있습니다. 이미지가 아닌 말

13) 호르헤 루이스 보르헤스(1967:89)

과 글로 전해져서 그렇습니다. 물론 그림으로 전해지더라도 여러 가지 모습 중 가장 영향력 있는 이미지만 살아남습니다. 스타벅스 로고로 유명해진 사이렌의 경우 상반신은 인간이고 하반신은 새의 모습이었다가 점차 상반신은 인간이고 하반신은 물고기인 아름다운 인어 형상으로 변합니다.[14] 물론 여전히 날개를 지니고 비행 능력도 있습니다. 상상력이야 다양한 변이를 가질 수 있다고 치고 제가 정말 궁금한 것은 6세기에 웨일스 북부나 조선 시대 영광 등지에서 인어를 봤다는 기록이 있는데 어떤 것을 본 것인지 궁금합니다.[15]

라마수

혼성된 완성품을 다시 해체하는 경우도 있습니다. 아시리아 신화에 나오는 수호신 라마수는 지혜를 의미하는 사람의 머리, 힘을 상징하는 황소나 사자의 몸, 민첩함을 나타내는 새의 날개와 신성을 나타내는 뿔이 달린 관으로

14) 류싱(2018:107)
15) 곽재식(2018:223)

구성되어 있습니다. 나중에 아시리아인에게 영향을 받은 고대 유대인은 네 가지 생물을 각각 4대 복음서의 상징으로 여겨 사람, 사자, 독수리, 황소에 대하여 마태복음, 마가복음, 누가복음, 요한복음에 대응시키게 됩니다. 물론 대응 관계는 환경마다 조금씩 다르게 나타나기도 합니다.[16] 혼성이라는 상상의 과정에서 가장 중요한 점은 환유를 통해 진행된다는 것입니다. 즉, 각 사물의 현저한 부분만 혼성에 참여합니다. 물론 그 현저함은 문화나 개인에 따라 차이가 있습니다. 그럼에도 불구하고 일정한 패턴은 존재합니다. 만약 라마수가 새의 몸통, 사람의 다리, 황소나 사자의 꼬리로 구성되면 특별한 상징의미를 갖지 못할 것 같습니다.

3. 유연성

지금까지 동물이나 사물을 우리 몸에 대한 지식으로 의인화를 거쳐 이해하는 것을 봤습니다. 이제 반대로 유연성에 대해서 생각해보겠습니다. 우리가 동물이나 사물이 되어보는 거죠. 카라 플라토니(2015:346)는

---

16) 류싱(2018:46)

가상현실 연구팀의 도움으로 적외선 마커를 몸에 붙이고 소가 되는 시뮬레이션에 참여했습니다. 가상현실에서 신체 전이(body transfer)를 통해 소가 된거죠. 체험이 시작되면 다음과 같은 말을 듣게 됩니다. “당신은 쇼트혼 종의 소입니다. 유제품과 쇠고기 생산을 위해 사육되고 있습니다.” 그리고 네 발로 걸어도 보고 사료도 먹어 보다가 도축장에 갈 시간을 맞이합니다. 몇 분 동안이지만 무게감 있는 느낌을 받게 된다고 하네요. 그럴 것 같습니다. 다른 동물이 되어본다는 것이 어떤 느낌일지 궁금하네요. 소 외에 산호초나 바닷가재가 되는 시뮬레이션도 있다는데 소는 우리의 사지를 모두 소의 네발로 여기면 되는데 다리가 여덟 개인 바닷가재는 어떻게 움직이는지 모르겠습니다. 두 개의 팔로 앞다리 두 개까지만 처리가 가능할 것 같아서요. 책에서는 가슴에 달린 제3의 팔을 양손 손목을 이용해 움직이는 실험을 소개합니다. 실재하지 않는 가상의 신체를 움직인다는 점에는 의미가 있지만 손목을 이용하면 동시에 세 개의 손을 쓰기는 어려워 보입니다. 결국 이 실험은 “사람의 A를 다른 동물의 B라고 하자.”에서 인간에게 없는 B를 어떤 A로 대체할 것이냐가 중점이고, 얼마나 다양한 방식을 고려할 수 있는지가 핵심이라고 생각합니다. 여러분을 위해 아래 그림을 하나 가져왔습니다. 인간의 몸으로 여러 해양 생물의 움직임을 어떻게 표현할 수 있을까요? 일단 상상하는 것만으로도 우리의 신체 부위마다 새로운 쓰임이 발견되는 좋은 경험이 될 것 같습니다.

유연성 실험을 진행한 가상현실 연구팀은 연구 초반에 사람들이 팔과 다리의 역할을 바꾸거나 다리를 더 멀리 뻗을 수 있게 해도 쉽게 적응한다는 걸 발견하고 유연성 연구에서 도구 사용의 중요성을 강조합니다.

> "사람들은 새로운 도구의 사용법을 빨리 배웁니다. 도구는 몸의 연장입니다."[17]

---

17) 키라 플라토니(2015:352)

우리 앞에 날마다 새로운 도구가 쏟아지듯 나오고 있습니다. 인공지능까지 갈 것도 없이 주변을 살펴보면 매일 쓰는 의자부터 휴대폰과 그 안의 콘텐츠까지 우리 몸에 지속적으로 변화를 주는 것들로 가득합니다. 여러분이 그 연결과 발견으로 몸을 더 확장해서 사용하고 더 자유롭게 상상할 수 있기를 바랍니다. 그리고 이 책이 그러한 과정에 작은 도움이 되었으면 합니다.

참고문헌

곽재식 글 · 이강훈 그림(2018), 한국 괴물 백과, 워크룸프레스

김기석(2017), 해석이론에 기초한 한중 수어 어휘의 동기화 양상, 한국어 의미학, 58, 31－56

김미숙(2013), 애니메이션에 있어서의 여성성 표현에 관한 연구, 애니메이션연구, 9(4), 51－76

_____(2014), 애니메이션에 있어서의 남성성 표현에 관한 연구 1, 애니메이션연구, 10(3), 31－58

_____(2015), 애니메이션 속 캐릭터의 감정에 따른 표정과 몸짓 연구1, 애니메이션연구, 11(4), 23－42

_____(2017), 애니메이션 속 캐릭터의 감정에 따른 표정과 몸짓 연구 2, 애니메이션연구, 13(4), 22－42

김영순 · 임지룡(2002), 몸짓 의사소통적 한국어 교수법 모형, 이중언어학, 20호, 1－24

김초엽 · 김원영(2021), 사이보그가 되다, 사계절

데즈먼드 모리스(1985), 이규범 역(2017), 바디워칭, 범양사

______________(2019), 이한음 역(2020), 포즈의 예술사: 작품 속에 담긴 몸짓 언어, 을유문화사

루돌프 셴다(2002), 박계수 역(2007), 욕망하는 몸, 뿌리와이파리

류싱(2018), 이지희 역(2020), 세계 괴물 백과 - 신화와 전설 속 110가지 괴물 이야기, 현대지성

마빈 칼린스(2008), 박정길 역(2010), FBI 행동의 심리학, 리더스북

마크 존슨(1987), 노양진 역(2000), 마음 속의 몸, 철학과현실사

_________(2007), 김동환 · 최동환 역(2012), 몸의 의미, 동문선

마크 냅 · 주디스 홀 · 테런스 호건(2014), 최양호 · 김영기 역(2017), 비언어커뮤니케이션, 커뮤니케이션북스

박세현 · 손영오(2021), 만화 미학 아는 척하기, 팬덤북스

박여성(2019), 응용문화기호학: 몸 매체 그리고 공간, 북코리아

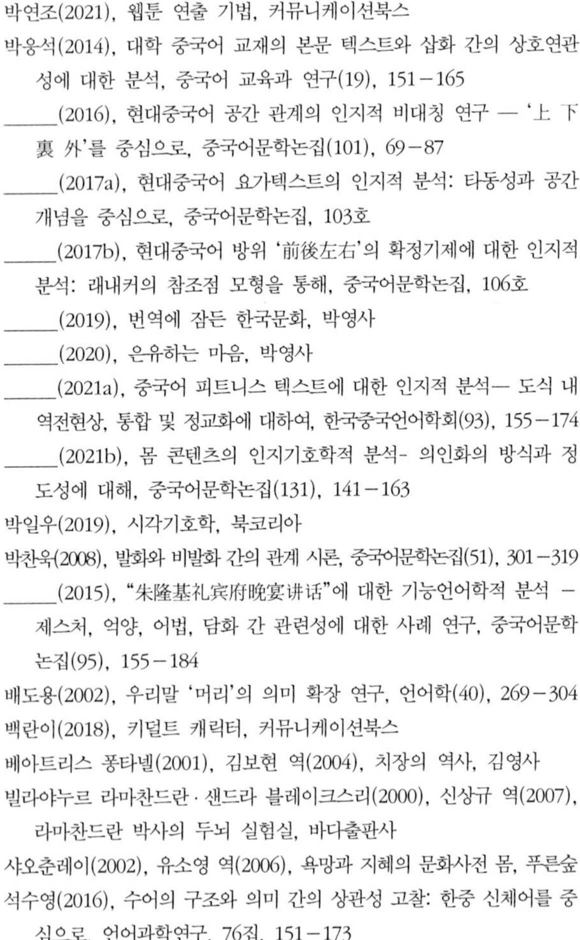

박연조(2021), 웹툰 연출 기법, 커뮤니케이션북스

박응석(2014), 대학 중국어 교재의 본문 텍스트와 삽화 간의 상호연관성에 대한 분석, 중국어 교육과 연구(19), 151－165

_____(2016), 현대중국어 공간 관계의 인지적 비대칭 연구 — '上 下 裏 外'를 중심으로, 중국어문학논집(101), 69－87

_____(2017a), 현대중국어 요가텍스트의 인지적 분석: 타동성과 공간개념을 중심으로, 중국어문학논집, 103호

_____(2017b), 현대중국어 방위 '前後左右'의 확정기제에 대한 인지적 분석: 래내커의 참조점 모형을 통해, 중국어문학논집, 106호

_____(2019), 번역에 잠든 한국문화, 박영사

_____(2020), 은유하는 마음, 박영사

_____(2021a), 중국어 피트니스 텍스트에 대한 인지적 분석— 도식 내 역전현상, 통합 및 정교화에 대하여, 한국중국언어학회(93), 155－174

_____(2021b), 몸 콘텐츠의 인지기호학적 분석- 의인화의 방식과 정도성에 대해, 중국어문학논집(131), 141－163

박일우(2019), 시각기호학, 북코리아

박찬욱(2008), 발화와 비발화 간의 관계 시론, 중국어문학논집(51), 301－319

_____(2015), "朱隆基礼宾府晚宴讲话"에 대한 기능언어학적 분석 － 제스처, 억양, 어법, 담화 간 관련성에 대한 사례 연구, 중국어문학논집(95), 155－184

배도용(2002), 우리말 '머리'의 의미 확장 연구, 언어학(40), 269－304

백란이(2018), 키덜트 캐릭터, 커뮤니케이션북스

베아트리스 퐁타넬(2001), 김보현 역(2004), 치장의 역사, 김영사

빌라야누르 라마찬드란 · 샌드라 블레이크스리(2000), 신상규 역(2007), 라마찬드란 박사의 두뇌 실험실, 바다출판사

샤오춘레이(2002), 유소영 역(2006), 욕망과 지혜의 문화사전 몸, 푸른숲

석수영(2016), 수어의 구조와 의미 간의 상관성 고찰: 한중 신체어를 중심으로, 언어과학연구, 76집, 151－173

송현주(2015), 한국 수어의 동기화 양상, 한국어 의미학, 49, 59－85

송지현(2012), 문화 텍스트의 상징 의미를 이용한 중국의 비언어적 커뮤니케이션 연구, 중어중문학(51), 331－359

신홍주(2019), 의인화 캐릭터, 커뮤니케이션북스

아담 켄든(2004), 김현강 · 신유리 · 송재영 · 김하수 역(2012), 제스처, 박이정

吴素伟 · Alan Cienki(2020), 事件结构、句法结构与手势的关系研究－以与格交替结构为例 , 外国语(43), 23－33

앨런 피즈 · 바바라 피즈(2004), 서현정 역(2005), 상대의 마음을 읽는 비결 보디 랭귀지, 베텔스만

에드워드 슬링거랜드(2008), 김동환 · 최영호 역(2015), 과학과 인문학: 몸과 문화의 통합, 지호

왕파 · 조정형(2019), 음료 패키지 디자인에서 시각 요소의 분석 연구 － 한중 비타민 C음료를 중심으로 －, 한국기초조형학회, 389－392

이노미(2009), 손짓 그 상식을 뒤엎는 이야기, 바이북스

이민정(2014), 옷장에서 나온 인문학, 푸른들녘

이범열(2018), 현대중국어의 은유와 환유 그리고 의사소통, 한국문화사

이상은(2018), 몸짓 읽어 주는 여자, 천그루숲

이선영(2018), 슈퍼 빌런, 커뮤니케이션북스

______(2021), 이모티콘 커뮤니케이션, 커뮤니케이션북스

이영숙(2013), 옷장 속의 세계사, 창비

이용숙(2004[2010]), 춤의 유혹: 탱고에서 살사까지 재미있는 춤 이야기, 열대림

임지룡(2016), 신체어의 의미 확장 양상과 해석, 배달말(59), 1－42

______(2018), 한국 수어의 도상적 양상과 의미 특성, 국어교육학회, 68집, 63－88

임혜원(2015a), 손날의 의미/기능 연구 － 토론 참여자의 손짓 언어를 중심으로 －, 언어와 언어학, 69집, 107－128

______(2015b), 한국어 사용자의 손짓언어 연구 － 잡기/쥐기 손짓을 중심으로－, 화법연구, 30집, 303－323

______(2017), 힘 영상도식의 신체화 연구－TV토론 프로그램 참여자의 손짓을 중심으로, 담화와인지, 24(1), 93－112

______(2018), 그릇도식의 신체화 연구 － 토론 참여자의 손짓언어를 중심으로, 언어와 언어학, 78집, 99－126

______(2019), 한국어 화자의 은유적 손짓 연구, 한글, 80(1), 5－35

자현(2012), 사찰의 상징세계 上·下, 불광출판사

张德禄(2009a), 多模态话语理论与媒体技术在外语教学中的应用，外语教学(30), 15－20

______(2009b), 多模态话语分析综合理论框架探索，中国外语(27), 24－30

王璐(2010), 多模态话语模态的协同及在外语教学中的体现, 外语学刊(153), 97－102

郭恩华(2013), 多模态话语分析的双重视角, 外国语(36), 20－28

쟈코모 리쫄라띠·코라도 시니갈이아(2006), 이성동·윤송아 역(2016), 공감하는 뇌 － 거울 뉴런과 철학, 울산대학교출판부

조 내버로(2018), 김수민 역(2019), FBI 관찰의 기술, 리더스북

조지 레이코프·마크 존슨(1980[2003]), 나익주·노양진 역(2006), 삶으로서의 은유, 박이정

______________________(1999), 임지룡·윤희수·노양진·나익주 역(2002), 몸의 철학 - 신체화된 마음의 서구 사상에 대한 도전, 박이정

질 포코니에·마크 터너(2002), 김동환·최영호 역(2009), 우리는 어떻게 생각하는가, 지호

최은희(2013), 한중문화간 커뮤니케이션 능력 향상을 위한 중국어 비언어적 행위 교수－학습지도 방안 연구, 중국어교육과연구(18), 249－272

카라 플라토니(2015), 박지선 역(2017), 감각의 미래: 최신 인지과학으로 보는 몸의 감각과 뇌의 인식, 흐름출판

캐럴 킨제이 고먼(2010), 이양원 역(2011), 몸짓언어 완벽 가이드, 날다

케니 차우(2013), 김동환·최영호 역(2020), 애니메이션, 신체화, 디지털 미디어의 융합 - 기술적 생동감에 대한 인간의 경험, 씨아이알

크리스티안 케이서스(2011), 고은미·김잔디 역(2018), 인간은 어떻게 서

로를 공감하는가 - 거울 뉴런과 뇌 공감력의 메카니즘, 바다출판사
프랜시스코 바렐라 외(1991), 석봉래 역(2013), 몸의 인지과학, 김영사
한상정(2021), 만화학의 재구성, 이숲
해롤드 윗테이커 · 존 할라스(1981), 송홍권 편역(2008), 만화영화제작 기법, 조형사
호르헤 루이스 보르헤스(1967), 남진희 역(2016), 상상 동물 이야기, 민음사
홍민표(2007), 한국, 일본, 중국, 미국인의 신체언어에 관한 대조사회언어학적 연구, 일어일문학연구(61), 359-382
황지연(2018), 한국 웹툰 중국어 번역의 시청각적 수용성에 관하여 - '신과 함께' 사례분석
후카야 아키라 · 도쿄네임탱크(2019), 황미숙 역(2020), 마음을 사로잡는 만화 컷 분할교실, 삼호미디어

박응석

연세대 글로벌엘리트학부 교수

관심분야

인지의미론, 비유와 상징, 번역학, 기호학, 중국어교육

저 · 역서

은유하는 마음(박영사)
번역에 잠든 한국 문화(박영사)
인지언어학자의 한자문화산책(박영사)
응쌤 중국어(박영사)
스마트 스피킹 중국어 1, 2, 3, 4(동양북스/공역)

수상

2017/2019 연세대 콜로키아강의우수교수
2018/2019 연세대 강의우수교수
2020 연세대 강의최우수교수
2018/2020 연세대 우수업적교수(교육부문)
2021 이 달의 원주 작가(2월)

이메일 rubysuk@yonsei.ac.kr
인스타그램 Instagram.com/pes_meta

바디 버스BODY VERSE
- 언어, 표정, 몸짓에서 신화, 영화, 만화 등 캐릭터까지
상상력이 필요한 현대인을 위한 몸 이야기 -

초판발행 2022년 2월 1일

지은이 박응석
펴낸이 안종만·안상준

편 집 조보나
기획/마케팅 손준호
표지디자인 오승은
제 작 고철민·조영환

펴낸곳 (주) 박영사
서울특별시 금천구 가산디지털2로 53, 210호
(가산동, 한라시그마밸리)
등록 1959. 3. 11. 제300-1959-1호(倫)
전 화 02)733-6771
f a x 02)736-4818
e-mail pys@pybook.co.kr
homepage www.pybook.co.kr
ISBN 979-11-303-1522-5 03700

정 가 13,000원